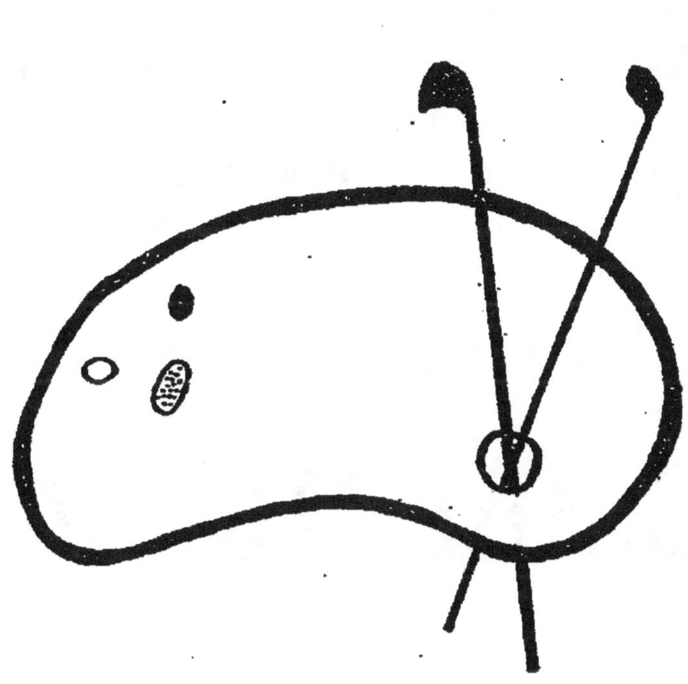

ORIGINAL EN COULEUR
NF Z 43-120-8

R
IL.946.
585

Paul DESLANDRES

Archiviste-Paléographe

Saint Pie V

BLOUD & Cie

S. et R. 585

BLOUD et Cⁱᵉ, Édit., 7, place Saint-Sulpice, Paris (VIᵉ).

Sciences Ecclésiastiques

BARDENHEWER (O.), professeur à l'Université de Munich. — **Les Pères de l'Église, leur Vie et leurs Œuvres.** Traduction française par P. GODET et C. VERSCHAFFEL. 3 vol. in-8ᵉ. Nouvelle édition refondue d'après la nouvelle édition allemande .... **12 francs**

LABAUCHE (L.), professeur à l'École de Théologie catholique de Paris. — **Leçons de Théologie dogmatique.**
I. **Dieu.** — *La Sainte Trinité, l'Incarnation, la Rédemption.* 1 vol in-8ᵉ........................... **5 francs**
II. **Dogmatique spéciale.** — *L'Homme considéré dans l'état de justice originelle. — Dans l'état de péché originel, dans l'état de grâce. — Dans l'état de gloire ou dans l'état de damnation.* 1 vol. in-8ᵉ........ **5 francs**

MOURRET (Fernand), professeur d'histoire au Séminaire Saint-Sulpice (Paris).

HISTOIRE GÉNÉRALE DE L'ÉGLISE

L'ouvrage, en cours de publication, comprendra 8 volumes in-8ᵉ raisin, formant un tout complet et se vendant séparément. *Chaque volume, broché*............. **7 fr. 50**
— *relié toile*.......... **9 francs**
Tome Iᵉʳ. — *Les Origines chrétiennes,* du Iᵉʳ au IVᵉ siècle.
Tome II. — *Les Pères de l'Église,* IVᵉ et Vᵉ siècles.
Tome III. — *L'Église et le Monde barbare,* du Vᵉ au Xᵉ siècle **(Paru).**
Tome IV. — *La Chrétienté,* du Xᵉ au XIVᵉ siècle.
Tome V. — *La Renaissance et la Réforme,* du XIVᵉ au XVIᵉ siècle **(Paru).**
Tome VI. — *L'Ancien Régime,* XVIIᵉ et XVIIIᵉ siècles.
Tome VII. — *L'Église contemporaine.* 1ʳᵉ partie : la Révolution et l'Empire, 1789-1815.
Tome VIII. — *L'Église contemporaine.* 2ᵉ partie : 1815-1910.

Viennent de paraître :

L'Église et le Monde barbare. 1 vol. de 500 pages.
La Renaissance et la Réforme. 1 vol. de 604 pages.

Demander le bulletin de souscription indiquant les avantages réservés aux souscripteurs à l'ouvrage complet.

Demander le Catalogue

(9)

SAINT PIE V

8° R

14946 (585) H

DÉPOT LÉGAL
Seine
No 5056
1910

Saint Pie V

ET LA

DÉFAITE DE L'ISLAMISME

Par Paul DESLANDRES

Archiviste-Paléographe
Sous-Bibliothécaire à la Bibliothèque de l'Arsenal.

PARIS

LIBRAIRIE BLOUD & Cie

7, PLACE SAINT-SULPICE, 7

1-3, RUE FÉROU — 6, RUE DU CANIVET

1911

Reproduction et Traduction interdites.

SAINT PIE V

CHAPITRE PREMIER

ÉLECTION DE PIE V

1° Pie V avant l'avènement (1).

Michel Ghisleri (Catena écrit Ghisilieri, mais l'orthographe la plus simple paraît préférable) naquit le 17 janvier 1504 à Bosco, petit village près Alexandrie en Piémont, d'une famille de condition modeste. Des Ghisleri avaient été bannis en 1445 par les Bolonais, mais on ne saurait affirmer que le jeune Michel descendait directement de ces exilés.

Lorsqu'il devint pape, les Bolonais eurent la courtoisie de donner le nom de Porta Pia à la porte, alors murée, par où les exilés étaient sortis autrefois de cette ville. Michel avait douze ans, quand deux Frères Prêcheurs reçurent l'hospitalité chez ses parents ; cette rencontre frappa beaucoup l'enfant, qui était très pieux : il conçut dès lors l'idée d'embrasser la vie religieuse. Ses parents auraient mieux aimé faire de lui un agriculteur ; mais ils ne s'opposèrent pas à sa vocation. Michel entra au noviciat des Dominicains de Vigevano ; quand on lui demanda d'où il était, il répondit : « De Bosco. — Mais personne ne connaît Bosco, lui dit-on ; on vous appellera frère Alexandrin, » nom qu'il conservera dans le cardinalat.

En 1528, il fut ordonné prêtre à Gênes, puis il

(1) On trouvera à la fin de cet opuscule une bibliographie détaillée.

devint prieur de trois couvents dominicains, directeur
du marquis du Guast, gouverneur de Milan et
confesseur des religieuses d'Alba (ville du Piémont),
dont il défendit le couvent contre une invasion de
soldats affamés. Ayant à réclamer à Georges Costa,
comte de la Trinité, la dot de sa sœur, religieuse,
qu'il se refusait à payer, celui-ci, pour toute réponse,
le menaça de le faire jeter dans un puits. Certains
auteurs disent qu'Alexandrin venait protester contre
l'intrusion des soldats, mais tous sont d'accord sur le
mauvais accueil qu'il reçut de la part du comte.

Alexandrin fut trois fois honoré de la charge de
provincial de son ordre et soutint à Parme, en 1545,
un certain nombre de thèses, dont la plupart concer-
naient la puissance pontificale.

En 1551, l'inquisiteur Tropeus étant mort, Alexandrin fut nommé par le pape pour le remplacer ; il
remplit vaillamment ce pénible office. A Côme, il fit saisir des livres hérétiques, excommunia les chanoines,
le siège étant vacant, et ne termina l'affaire que grâce
à un de ses amis, Bernard Odescalco. A Coire, il alla
juger entre les prétentions de deux chanoines, membres de deux grandes familles, Salis et Planta, ce
dernier hérétique. A Bergame, il fit saisir l'hérétique
Georges Medolago, grâce au comte Albani, son parent.
Il procéda même contre l'évêque Soranzo, qui
inclinait vers le protestantisme. Mais le courageux
accomplissement de ses devoirs avait suscité contre
Alexandrin de telles inimitiés, qu'il dut partir en
hâte pour Rome, laissant le procès contre Soranzo au
franciscain Griani, qui se chargea de le poursuivre.

Alexandrin arrive au couvent dominicain de Sainte-
Sabine, l'église aux belles portes de bronze, sur
l'Aventin ; le portier, qui ne le connaît pas, lui dit :
« Que venez-vous faire à Rome ? croyez-vous que les
cardinaux vont vous nommer pape ? » Alexandrin fait
la conquête du cardinal Caraffa, bien semblable à lui
par son intégrité, qui, devenu pape, sous le nom de
Paul IV, le nomme évêque de Sutri et de Népi, deux

évêchés voisins de Rome et réunis en un seul, puis évêque de Mondovi, dans le Piémont, tout en lui conservant ses fonctions d'inquisiteur. Depuis de longues années, le diocèse de Mondovi n'avait pas connu de visite pastorale : Alexandrin y passe plusieurs mois et fait beaucoup de règlements utiles. Puis, songeant à résigner son évêché, dont il ne se croyait pas digne, il retourna à Rome. Paul IV lui annonce qu'il le chargera de chaînes encore plus lourdes ; il le nomme cardinal, après une première promotion où il ne fut pas compris. Le cardinal Alexandrin prend le titre de la Minerve, qu'il échangea ensuite contre celui de Sainte-Sabine. Paul IV lui donna la dignité d'inquisiteur suprême qui, après Pie V, fut toujours réservée au pape. Devenu cardinal, il mena une vie modeste et retirée.

Mais le nonchalant Pie IV, surtout ambitieux pour sa famille, succède au belliqueux Paul IV. Les seuls titres de gloire du nouveau pape sont d'avoir eu pour neveu saint Charles Borromée, et d'avoir vu achever le concile de Trente.

Pie IV laissa exécuter les Caraffa, neveux de son prédécesseur. Trop soucieux de plaire aux princes italiens, il eut l'idée singulière, pendant la réunion même du concile de Trente, de donner le chapeau de cardinal à deux jeunes gens des familles de Médicis (1) et d'Este, qui n'avaient respectivement que treize et vingt et un ans. Le pape fit cette proposition aux cardinaux pendant un banquet (janvier 1563). Le cardinal Alexandrin releva avec une noble franchise l'inconvenance de cette promotion, tout au moins prématurée ; seul de tout le Sacré Collège, où Pie IV avait introduit 45 membres nouveaux, il osa soutenir son avis. Le pape ayant voulu donner la légation d'Avignon au cardinal de Bourbon, de la maison de

____

(1) Ce cardinal Ferdinand de Médicis redevint plus tard laïque après la mort de son frère François. Une fois pape, Pie V entretint les meilleures relations avec les Médicis de Florence.

Lorraine, Alexandrin s'y opposa, de peur d'attirer sur le Comtat les attaques des huguenots. Pie IV l'appela *frère ignorant* et on disait même à Rome qu'Alexandrin allait être mis au château Saint-Ange. Le pape n'alla pas si loin ; il se contenta de lui enlever son logement au Quirinal et de restreindre ses pouvoirs d'inquisiteur.

Découragé, Alexandrin voulut retourner dans son diocèse de Mondovi dont il était toujours titulaire ; il envoya en avant ses bagages, mais ils furent pris par des pirates sur les côtes de Toscane. D'autre part, les cardinaux de l'Inquisition représentèrent à Pie IV que la présence à Rome de leur collègue était nécessaire.

Sur ces entrefaites, Alexandrin tomba dangereusement malade de la pierre : se croyant près de sa fin, il composait son épitaphe pour l'église de la Minerve, mais contre son attente il revint à la santé. Pie IV étant mort le 4 décembre 1565 après une courte maladie, les cardinaux entraient en conclave le 20 décembre suivant.

2° Le conclave de Pie V.

Le récit du conclave, qu'on peut lire dans la plupart des historiens, est exact dans son ensemble, mais trop simplifié. Le détail en est tout au long dans le Recueil des conclaves imprimé à Rome en 1668 (t. Ier, p. 230-264).

« Nous allons voir, dit l'auteur anonyme, comment ceux qui se trouvaient le plus près du but échouèrent cependant. » Aucun Conclave, ajoute-t-il, ne fut plus libre ; les nations étrangères y exercèrent peu d'influence ; le roi d'Espagne ne s'en soucia pas ; l'empereur d'Allemagne Maximilien II était trop récemment parvenu à l'Empire pour avoir quelque autorité en dehors de ses Etats. La mort de Pie IV avait été tellement rapide que les cardinaux français n'eurent pas le temps d'arriver pour l'élection de son successeur.

Charles Borromée fut évidemment le grand électeur du conclave (comme en 1585 le cardinal Alexandrin devait l'être pour l'élection de Sixte-Quint). L'archevêque de Milan, quoique âgé seulement de trente ans, était déjà célèbre par sa piété, qui avait résisté à tous les exemples de la cour de Pie IV, mais il n'avait pas encore accompli dans son diocèse les réformes qui devaient illustrer son nom. Il n'ambitionnait pas la tiare pour lui-même. Borromée et un autre cardinal neveu de Pie IV, Marc Altemps, étaient particulièrement bien disposés pour le cardinal Jean Morone de Milan. Celui-ci, après d'éclatants services, avait été accusé d'hérésie, disgracié subitement par le sévère Paul IV, emprisonné au château Saint-Ange. Quoiqu'il eût été réhabilité par Pie IV, qui l'envoya comme légat au concile de Trente, certains de ses collègues persistaient à ne pas considérer sa justification comme suffisante. Les chefs des « factions » étaient Alexandre Farnèse, Hippolyte et Louis d'Este, Ferdinand de Médicis. Morone était en butte à l'inimitié de nombreux cardinaux italiens. Borromée n'ayant pas lancé immédiatement la candidature de Morone, les opposants eurent le temps de se concerter : Alexandrin fit tout ce qu'il put pour empêcher cette nomination, écrivant à ce sujet au cardinal espagnol Pacheco (dit son biographe Fuenmayor). On en vint au scrutin ; il y avait cinquante votants. On sait que les cardinaux sont divisés en trois groupes, les évêques, les prêtres et les diacres. Le doyen des diacres lit les suffrages, extraits par le chef des cardinaux-évêques du calice dont on s'est servi pour la messe du matin. Quand le nombre des suffrages du plus favorisé a été proclamé, le doyen du Sacré Collège invite à lui *accéder* ceux qui n'ont pas encore voté pour lui. Y compris les *accessions*, il manqua quatre voix à Morone, pour obtenir les deux tiers des

voix exigées pour la validité de l'élection pontificale (1).

La candidature de Morone ayant ainsi échoué,
Borromée pensa au cardinal Guillaume Sirlet de
Naples : c'était un homme d'une naissance modeste,
d'une grande bonté, d'une réelle pureté de mœurs,
d'une profonde érudition (2). Le cardinal Alexandrin
trouva ce choix excellent, fit campagne pour Sirlet et
par là se concilia la bienveillance de Borromée. Mais
l'on reprochait à Sirlet de vivre trop dans ses livres
et de n'avoir aucune expérience en politique ; au scrutin, il manqua deux voix à Sirlet pour obtenir les
deux tiers.

Le conclave menaçait de se prolonger. Le cardinal
Farnèse, qui, à chaque scrutin, avait honoré Alexandrin de son vote, alla trouver Borromée, lui désigna
plusieurs candidats, parmi lesquels était Alexandrin
et lui dit : « J'accepterai celui d'entre eux que vous
choisirez. » Les factions opposées à Borromée allaient
proposer le cardinal Montepulciano, quand Borromée
et Altemps allèrent s'entretenir avec Alexandrin, dont
ils appréciaient beaucoup la piété (les idées de Borromée et d'Alexandrin étaient pareilles) ; cette conver-
sation se passa « au grand contentement des uns et
des autres ». Ils lui gagnèrent la majorité. Certains
cardinaux redoutaient cependant qu'il ne gardât des
ressentiments contre les mauvais procédés dont Pie IV
avait usé à son égard. Borromée était persuadé que
l'âme d'Alexandrin était trop haute pour qu'il y eût
rien de semblable à craindre de sa part. Au milieu de
la nuit, les cardinaux gagnés à ce projet allèrent à la
cellule d'Alexandrin et l'*adorèrent*, comme sous l'ins-

(1) Un jour, Morone, rencontrant Alexandrin, s'étonna qu'il lui eût
fait opposition. « J'ai obéi à ma conscience, répondit celui-ci. » L'anonyme dit très justement que Morone et Alexandrin disputèrent sans
rancune la plus grande place de la terre.

(2) M. DEJOB, dans son ouvrage *De l'influence du Concile de Trente
sur la littérature et les beaux-arts chez les peuples catholiques*, fait,
avec raison, une grande place au cardinal Sirlet.

piration divine et étonnés de leur propre démarche. Cette entente préalable d'Alexandrin avec Borromée ne permet guère de croire qu'il se soit fait prier pour dire : *Acceptamus*. Le cardinal Farnèse, vice-chancelier de l'Eglise, lui demanda quel nom il voulait prendre. Il avait d'abord songé à s'appeler Paul, pour honorer son premier protecteur ; mais à la demande de Borromée, il prit le nom de Pie V (7 janvier 1566) montrant au moins qu'il n'avait pas de rancune. Il fut couronné le 17 janvier, jour anniversaire de sa naissance.

Le peuple de Rome, qui ne connaissait le cardinal Alexandrin que par sa réputation d'austérité, fut étonné plutôt que satisfait de cette élection. Pie V, ayant appris quelle opinion le peuple avait de lui, s'écria : « Je ferai en sorte que les Romains regrettent plus ma mort que mon élection. » Voyons comment il accomplit ce programme.

CHAPITRE II

PREMIERS ACTES DE PIE V

On peut bien dire sans irrévérence que, avant son
avènement, le cardinal Alexandrin ne semblait pas
destiné à la papauté. L'énergie de son caractère, la
rigueur de son office semblaient même l'en écarter. Il
n'avait été mêlé à aucun événement politique ; il
n'avait point paru au concile de Trente et n'avait
jamais été revêtu de la dignité de légat. Une seule
affaire l'avait occupé, l'Inquisition, et l'énergie avec
laquelle il avait exercé sa charge n'était guère de
nature à le rendre populaire.

Et cependant cet homme qui n'est point chef de
faction et qui ne fait même partie d'aucune est unani-
mement élu pape. Lui qui semblait ne rien devoir
connaître de la politique se met à l'étudier avec zèle
et, en moins d'une année, il apprend si bien la vraie
situation des Etats européens qu'il peut rapidement
manifester une activité intense. Il ne changea point
de caractère, seulement il révéla des talents que nul
ne soupçonnait en lui.

Les Romains guettaient curieusement les premiers
actes du nouveau pape. Il montra aussitôt sa bonté
pour les personnes qui se cachait sous la rigueur des
principes et son souci de la moralité publique. Le
comte Annibal Altemps, mari d'une sœur de Charles
Borromée, présenta à Pie V la cédule du pape, son
oncle, lui promettant cent mille écus ; d'ailleurs il
n'invoquait pas un engagement formel, mais le priait

d'avoir pitié de sa pauvreté, car sa femme n'avait pas reçu de dot. Le pape réduisit de moitié la somme indiquée sur la cédule, et le comte, qui avait craint de ne rien recevoir, accepta de bon cœur les cinquante mille écus.

Au lieu d'offrir, pour son élection, un grand repas aux ambassadeurs et aux cardinaux, le pape fit distribuer aux pauvres la somme que l'on y consacrait d'ordinaire. Se rappelant que, dans l'empressement de la foule, des malheureux étaient parfois étouffés, il défendit de jeter au peuple de l'argent pendant la cérémonie de son couronnement ; on pense bien que les pauvres n'y perdirent rien.

Pie V voulait assainir Rome à tous les points de vue. Il voulait expulser toutes les courtisanes, « sachant combien les étrangers reprochaient son immoralité à la Ville Eternelle » (Catena). Les magistrats municipaux lui envoyèrent une députation pour le détourner de ces projets : ils exprimaient naïvement des craintes sur le grand nombre d'appartements qui seraient vacants, sur les dangers que les femmes mariées courraient désormais, etc. Le pape, indigné, répondit qu'il quitterait plutôt Rome que de vivre dans la même ville que ces créatures. Après ce discours véhément, rapporté par le biographe Fuenmayor (1), les Romains n'osèrent plus rien dire. Les femmes les plus décriées furent bannies ; celles qui demeurèrent se virent assigner, près du Colisée, des églises où elles pouvaient entendre la messe. De généreux secours furent mis à la disposition de celles qui voudraient se convertir.

Les efforts que fit Pie V pour la moralisation de Rome ne restèrent pas infructueux, puisqu'ils lui survécurent ; l'ambassadeur vénitien Tiepolo écrit en 1576 que « Rome commence à sortir de la déconsidération morale où elle était tombée ».

(1) Cette question provoqua une Lettre (supposée) adressée au mois d'août 1566 à Pie V pour le prier de tolérer à Rome les juifs et les courtisanes. (Bibl. Mazarine, ms 1841, f° 220.)

Beaucoup de statues antiques encombraient les palais pontificaux : trouvant que ce voisinage avec les dieux de l'Olympe était choquant, Pie V fit don de ces statues au peuple romain ; ainsi fut fondé le Musée du Capitole.

Ce qui fit le plus pour l'honneur des cérémonies ecclésiastiques, c'est la profonde piété du pape. Quand on voyait Pie V suivre à pied les processions du Saint Sacrement en portant lui-même l'ostensoir, laver les pieds des pauvres le Jeudi Saint, aller jusqu'à baiser les plus répugnants ulcères, les assistants ne pouvaient retenir leur admiration. On raconte qu'à cette vue un hérétique anglais se convertit. Tous ces traits figurent dans les lettres d'un seigneur allemand résidant à Rome, publiées par Catena et traduites par Falloux. Ces tendres soins à l'égard des pauvres, sainte Elisabeth de Hongrie et saint Louis en avaient donné l'exemple ; mais quel effet cette charité et cette humilité ne devaient-elles pas produire, venant du chef de l'Église catholique !

Devant ces preuves de foi, les protestants déclaraient que le démon avait suscité un pareil pape pour abattre les espérances des ennemis de l'Église et pour réconforter les catholiques. Pie V répugnait aux divertissements populaires et aux fêtes mondaines. Il bannit de la cour de Rome les baladins et les histrions et interdit aux prêtres d'assister aux spectacles profanes. Il souffrait de voir des courses de chevaux (1) devant Saint-Pierre à l'endroit où, selon la tradition, le Prince des Apôtres avait subi le dernier supplice. Il ne put faire renoncer les Romains à cette distraction, mais du moins il transporta les courses sur la voie Flaminienne (aujourd'hui le *Corso)* où le pape Eugène IV les avait déjà établies vers 1435.

Pie V ne put pas supprimer davantage le carnaval romain ; il protestait contre ces grossières réjouissances

---

(1) Voir dans FEUILLET, p. 147, ce qu'il décida au sujet des courses de taureaux.

en assistant, pendant ces jours, à des offices spéciaux dans les églises (les Quarante-Heures) et en se retirant dans le couvent dominicain de Sainte-Sabine, sur l'Aventin.

Il commença dans Rome de grands travaux publics. Les aqueducs amenant l'*Aqua Vergine* à la fontaine de Trevi furent réparés. Il fit continuer la construction de Saint-Pierre et de Saint-Jean de Latran (1).

Pie V établit à Rome une manufacture de laines (9 septembre 1566) et donna des statuts à la corporation des agriculteurs, voulant procurer à son peuple une autre industrie que la réception des étrangers. En reconnaissance de ses bienfaits, les magistrats municipaux de Rome songèrent à lui élever une statue de son vivant. Il la refusa, soit par modestie, soit parce que la statue de Paul IV, après la mort de ce pape, avait été décapitée et jetée au Tibre. Il ne voulut point donner prise à l'ingratitude populaire.

La sollicitude de Pie V s'étendit à tout le patrimoine de Saint-Pierre. La Marche d'Ancône était infestée par des brigands ; un des plus fameux s'appelait Mariano d'Ascoli. Un de ses amis ayant proposé de le livrer, Pie V repoussa l'idée de cette trahison et ne prétendit s'en emparer que loyalement. A cette nouvelle, le bandit, ne voulant pas être en reste de magnanimité, se retira des États de l'Église pendant tout le pontificat de Pie V.

Le Pape rendit les communes responsables des agressions commises sur leur territoire, et sous son règne le voyage de Rome à Naples devint facile. Mais l'extermination des brigands ne devait être terminée que par Sixte-Quint.

Pie V prit une mesure utile pour la sauvegarde de ses possessions temporelles, dont les revenus lui permettaient, non seulement de ne rien demander à la chrétienté, mais encore de secourir partout les catho-

---

(1) Il fit construire au Vatican une chapelle où les papes malades pouvaient entendre la messe.

liques. Par une constitution célèbre qui commence par le mot *Admonet* (29 mars 1567) le pape défendit à l'avenir toute aliénation des domaines appartenant à l'Église, toute inféodation, toute concession à titre de vicariat temporel et de gouvernement. Chaque cardinal, chaque nouveau pape devaient jurer d'observer cette constitution. A l'extinction des familles concessionnaires des précédentes aliénations, les domaines feraient retour au Saint-Siège, qui en était le suzerain. C'était une barrière sérieuse opposée au népotisme. En vertu de cette constitution, l'Église put acquérir ou recouvrer, en moins d'un siècle, le duché de Ferrare (sous Clément VIII), le duché d'Urbin (sous Urbain VIII) et le duché de Castro (sous Alexandre VII). A l'ouverture de la Succession d'Espagne, en 1700, Clément XI enverra même un procureur à Naples, en Sardaigne et en Sicile (1).

(1) *Analecta juris pontificii*, t. XI, col. 455, 830, 1079; t. XII, col. 345. La constitution *Admonet* est reproduite *in extenso* dans ce Recueil, t. XXI, col. 1019-1023.

CHAPITRE III

CARACTÈRE DE PIE V

Les nombreux biographes du pape ont raconté tant d'anecdotes, soit au cours de leur récit, soit dans des chapitres spécialement consacrés aux vertus de Pie V que nous connaissons parfaitement bien son caractère.

Il a été question déjà de sa profonde piété, dont on pouvait dire que son nom seul lui faisait un devoir. Les biographes se sont étendus à l'envi sur ses austérités et sur ses jeûnes, qu'il observait encore à plus de soixante-cinq ans, malgré la cruelle maladie dont il souffrit plusieurs années (1). Il fallut l'ordre exprès des médecins pour le contraindre à manger de la viande trois fois par semaine. La prière lui donna la force de supporter les grandes fatigues que lui occasionna la préparation de la Ligue contre les Turcs ; c'est l'assiduité de son oraison qui lui mérita cette extase révélatrice de la victoire à l'heure même où elle fut gagnée. Pie V parut d'autant plus austère, remarque avec raison Félibien, traducteur d'Agatio, que ses prédécesseurs, sauf Paul IV, avaient été très relâchés.

Pie V eut fort à faire pour dompter son tempérament. Quand il était contredit, son premier mouvement était la colère, mais, lorsqu'il avait pris une décision sous l'empire de l'irritation, il savait à temps

____

(1) Il disait « que celui qui n'est pas sobre ne peut être chaste ».

reconnaître son erreur. Il avait songé à jeter l'interdit sur le royaume de Naples, mais il sut renoncer à ce dessein, après une lettre d'un prélat. Le cardinal Commendon, légat en Allemagne, ayant jugé à propos de ne pas donner suite aux menaces que le pape avait formulées contre l'empereur, suspect de trop de condescendance envers les protestants, ne fut pas blâmé par Pie V, comme ayant agi selon son devoir, en présence de la situation réelle.

Au début de son pontificat (1568) Pie V fut en butte aux attaques d'un pamphlétaire espagnol (le P. Joyau, dans son livre sur Pie V, l'appelle Trovossi, peut-être par erreur) ; cet individu, mécontent de n'avoir pas obtenu un bénéfice, avait traité le pape de *fray escarpion* (1) (moine grossier). Pie V le fit venir et lui demanda qui lui avait inspiré de l'attaquer ainsi ; l'Espagnol avoua que c'était le démon. « Puisque tu n'as attaqué en moi que le moine Michel et non le Pontife, je puis te pardonner. » Pie V le congédia et lui dit que s'il remarquait en lui quelque faute, il ne manquât point de l'en avertir charitablement.

Pie V était doué d'une telle mémoire qu'il n'oubliait jamais ceux qu'il avait vus une seule fois. Il ne se servit de ce don précieux que pour exercer la reconnaissance la plus délicate, la charité la plus généreuse. Ces traits de libéralité sont rapportés par tous les historiens, néanmoins ils font trop d'honneur à Pie V pour ne pas être redits ; ils contribuent à adoucir l'impression causée par cette figure si austère (2).

Le fils de son ami de Côme, Odescalco, fut fait évêque, il l'envoya plus tard comme nonce pour encourager les soldats de la flotte alliée, avant Lépante.

Dans sa lutte à Bergame contre l'hérétique Medo-

____

(1) Sorte de chaussure.

(2) GABUTIUS, L. VI, chap. III (Libéralité de Pie V)

lago, Alexandrin avait été fort aidé par un gentilhomme nommé Jérôme Albani. Pie V le fit gouverneur de la Marche d'Ancône et ensuite cardinal.

Il nomma évêque le religieux franciscain Griani qui avait gardé les pièces du procès de l'évêque Soranzo lorsque, étant grand inquisiteur, il avait dû s'enfuir, pour ne pas être lapidé par les habitants de Bergame. Au sortir de cette ville, un paysan lui avait montré le bon chemin ; le reconnaissant un jour à Rome, le pape lui donna une somme considérable.

Passant un jour sur la place Saint-Pierre, il aperçut un compatriote de Bosco, François Bastone : il l'appela et lui conféra le gouvernement du château Saint-Ange, que son fils Albert posséda après lui. Pie V considérait que les services rendus au cardinal Alexandrin avaient aussi profité à l'Église ; c'est ce qui explique sa conduite envers Cosme de Médicis, qu'il créa grand-duc de Toscane.

Le comte de la Trinité, qui l'avait si mal reçu lorsqu'il était confesseur des religieuses d'Alba, l'hébergea sans le reconnaître dans une tournée pastorale qu'il fit étant évêque de Mondovi. Plus tard, ce même comte lui fut envoyé en ambassade par le duc de Savoie. Cette fois, Pie V jugea à propos de se dévoiler et lui dit : « Seigneur, je suis ce moine que vous avez voulu autrefois faire jeter dans un puits. Vous voyez que Dieu protège l'innocence. » L'ambassadeur, confus, ne savait comment s'excuser de cet incident qu'il avait sûrement oublié. Pie V le rassura et, pour lui témoigner qu'il ne lui conservait pas de rancune, il lui fit l'honneur spécial de le loger dans un palais pontifical. Aussi disait-on plaisamment que, pour être bien traité par Pie V, il n'y avait rien de tel que de le désobliger, car il tenait à faire oublier tous ses mouvements d'humeur.

Il est cependant un groupe de personnes en faveur de qui il modéra les témoignages de sa libéralité : c'est sa famille. Ce seul trait de caractère lui donne une place à part dans l'histoire des papes. Son extraordinaire fortune ne grisa point Pie V. Il avait coutume de dire que le pauvre enrichi devient orgueilleux. S'il fut contraint par les cardinaux, dès le 4 mars 1566, de donner le chapeau à un membre de sa famille, son petit-neveu Michel Bonelli, également Dominicain, qui prit le nom de cardinal Alexandrin, il lui communiqua son pieux zèle, son désintéressement, son intelligence politique. Voulant qu'il eût de quoi vivre selon son rang (il disait qu'on doit être économe, mais non sordide), il conféra au cardinal Alexandrin un prieuré de Malte, situé à Rome sur l'Aventin, d'une valeur de 18.000 livres, mais il préleva sur ce revenu plusieurs pensions modérées au profit des membres de sa famille. Il le fit aussi camerlingue, mais, au moment de la Ligue contre les Turcs, il invita le cardinal Alexandrin à se défaire de cette charge et le trésor pontifical en retira 70.000 écus. C'était là un expédient exceptionnel.

Pie V ne voulut pas accepter pour ses nièces de beaux partis, mais il leur chercha des maris vertueux, pieux et de leur condition : il ne leur donna que des dots modérées. Il avait d'ailleurs sanctionné un décret « du peuple romain » limitant le chiffre des dots. Quant à ses neveux et petits-neveux, il ne les éleva pas à de hautes charges, à l'exception de celui qui devint le cardinal Alexandrin, déclarant que, s'ils avaient du mérite, les princes se feraient un devoir de le reconnaître. Il ne fut pas trompé dans ses calculs. Après la mort du pape, le roi d'Espagne et le duc de Savoie comblèrent de dignités les parents de Pie V.

Étant cardinal, il n'avait pas voulu conférer un bénéfice au beau-frère de sa nièce s'il ne lui envoyait une recommandation de son évêque : il garda toujours la même réserve.

Pie V ne conservait sa faveur à ses parents que s'ils continuaient à s'en montrer dignes. Il avait nommé gouverneur du Bourg son cousin Paul Ghisleri, qu'il avait racheté de la captivité des Turcs. L'ayant

trouvé coupable d'un seul mensonge, il lui ôta toutes
ses charges et l'exila ; Ghisleri devait se réhabiliter à
la bataille de Lépante par son courage.

Cette conduite modérée à l'égard de sa famille fut
une réaction évidente contre le népotisme qui avait
eu de si déplorables effets sous Paul III et sous
Paul IV ; cet abus ne fut que bien lentement extirpé,
mais ce n'est pas un médiocre honneur pour Pie V
que d'avoir été le premier à le réprouver efficacement.

Ce désintéressement donnait beaucoup de poids à
tous les commandements du pape, car il s'imposait
d'abord à lui-même tout ce qu'il prescrivait aux autres.

Son esprit de justice était éclatant. Il réserva le
dernier mercredi de chaque mois pour les audiences
des pauvres ; il les écoutait patiemment, quelque
longs et embrouillés que fussent leurs discours ; il leur
procurait des avocats désintéressés et consciencieux.
Il faisait enquérir aussi de la capacité des notaires et
procureurs. Se levant tôt, il donnait ses premières
audiences d'hiver aux flambeaux ; il avait ainsi plus de
temps à consacrer aux suppliques de ses sujets.

Scrupuleux observateur de sa parole, il ne voulut
jamais, pour un bénéfice qu'on lui demandait, retirer
l'engagement qu'il avait pris envers un mort ; il le
conféra au candidat le plus pauvre.

Il relégua Pallantieri, trésorier prévaricateur de
Pie IV, à Ostie, où le climat malsain le fit bientôt
périr. Il fit fouetter un banqueroutier florentin, tant
était grande son horreur de l'indélicatesse.

Une stricte économie permit seule à Pie V de ne
pas surcharger ses sujets. Il envoie des secours d'hommes et d'argent à toute l'Italie, à l'empereur, au roi
de France, au grand maître de Malte. On lui apportait
des projets pour augmenter considérablement ses
revenus, il les jeta au feu sans les regarder, disant
qu'il était impossible de tirer plus d'argent des Romains
sans leur faire tort. Il n'admit jamais les résignations
des bénéfices moyennant finances. Pendant une disette
il vendit le blé moins cher qu'il ne coûtait. Sa bien-

faisance était de nature à faire aimer le pouvoir temporel. Quelle autorité n'avait-il pas ensuite pour
recommander aux souverains dans la bulle *In Cæna
Domini*, dont il donna une nouvelle formule (1) de ne
pas accabler leurs sujets d'impôts. Philippe II cependant se trouva choqué de ces conseils.

Il congédia la moitié des domestiques attachés
au service des papes, mais paya deux fois plus
ceux qu'il gardait, disant que, puisqu'ils avaient servi
un cardinal pauvre sans espoir de gain, il devait les
récompenser de leur fidélité.

Si Pie V était économe, il ne thésaurisait pas ; il
était prodigue à l'égard des hôpitaux et de toutes les
bonnes œuvres. Il donna en une fois 5o.ooo écus à
l'hôpital du Saint-Esprit, à Rome. Il favorisa la con-
frérie du Gonfalon, qui s'occupait des captifs et de la
dot des jeunes filles pauvres. Il maria lui-même les
six jeunes filles d'un gentilhomme bolonais ruiné.

(1) CATENA, pp. 99-1o3.

CHAPITRE IV

LA RÉFORME RELIGIEUSE

Pour que l'Église soit prospère, il faut qu'elle ait de bons chefs, et Pie V s'appliqua assidûment à les lui donner. Les vingt-deux cardinaux qu'il créa, les trois cent quatorze évêques qu'il nomma devaient être ses missionnaires.

Pie IV avait rabaissé la dignité cardinalice en la prodiguant; il passait pour n'avoir pas été désintéressé dans quelques choix (1). Dans un pontificat d'égale durée, Pie V nomma deux fois moins de cardinaux et les choisit mieux. Parmi ses élus (ou comme disent les Italiens, ses *créatures*) étaient les Français Nicolas de Pellevé, archevêque de Sens (2), Charles d'Angennes de Rambouillet, ambassadeur de France à Rome, Jérôme Souchier, général de l'Ordre de Cîteaux, si modeste, qu'il fallut un commandement exprès du pape (8 mai 1568) pour lui faire accepter la pourpre. Parmi les Italiens, nommons Félix Perretti de Montalto, le futur Sixte-Quint et un Caraffa, membre de cette grande famille des neveux de Paul IV, devenus ensuite victimes de la vengeance de leurs ennemis sous Pie IV. Le cardinal Alexandrin passait d'ailleurs pour s'être jadis opposé à leur exécution. Mais le cardinalat était pour les élus de Pie V plutôt une charge qu'un

---

(1) HILLIGER se fait l'écho d'un propos qui aurait été tenu par le pape lui-même, qu'une nouvelle promotion de cardinaux lui permettait de faire la guerre aux Turcs.

(2) La *Satire Ménippée* devait parler beaucoup de ce prélat.

profit (*onus magis quam honor,* comme disaient les Romains). Michel Bonelli, petit-neveu du pape, devenu le cardinal Alexandrin, en sut quelque chose. On ne vit plus à la cour de Rome ces obscures intrigues pour se procurer la faveur du cardinal-neveu. Pie V lui défendit d'accepter des cadeaux pendant sa légation de 1571.

Au règne de Pie V se rattache un progrès dans le fonctionnement des Congrégations romaines, véritables bureaux ministériels très spécialisés, trop peu connues aujourd'hui. Pie V développa la Congrégation de l'Index (1) et fonda la Propagande (2). Il donna à la Congrégation des cardinaux interprètes du Concile de Trente, fondée par Pie IV, le pouvoir de décider sans autre délégation les cas qu'elle estimerait simples, sauf à en référer au pape pour ceux qu'elle croirait devoir lui être soumis comme douteux (3). Sixte-Quint devait être le grand organisateur des Congrégations (4).

Pie V employa les dignes personnages mis en valeur sous les pontificats précédents. Le cardinal Commendon, son légat *a latere,* fut employé aux négociations les plus difficiles. Il fit respecter la dignité de cardinal, au point que, de lui-même, le roi de Pologne fit placer à sa droite, dans une Diète, le cardinal Hosius, un des légats du Concile de Trente, dont le siège épiscopal n'avait que le septième rang dans le royaume.

Morone, avec qui Pie V s'était franchement expliqué sur les incidents du conclave, devint son conseiller pour la préparation de la Ligue ; le pape ne voulut pas croire que des sicaires eussent été payés par ce cardinal pour l'assassiner et méprisa cette dénonciation calomnieuse.

(1) *Analecta,* t. I, col. 354 ; 1022, t. II, col. 2255.

(2) *Ibid.,* t. XXIII ; col. 157. (*Congregatio de propaganda fide.*)

(3) *Analecta,* t. II, col. 2253.

(4) Voir dans cette collection la brochure de M. Paul GRAZIANI sur *Sixte-Quint* (n° 430).

Les évêques étaient sans cesse rappelés à l'observation de leurs devoirs. Au grand maître La Valette, qui songeait à quitter Malte presque détruite (avril 1566), à l'évêque de Goa, offrant sa démission, le pape enjoignit de mourir à leur poste s'il le fallait. Pie V donnait de tels exemples d'endurance que les évêques ne pouvaient se refuser à l'imiter et à observer strictement ses instructions.

Le concile de Trente s'était terminé deux ans avant l'avènement de Pie V, qui allait prendre à tâche d'en faire exécuter les décrets. Dans les instructions aux légats qu'il envoie en Allemagne, en Pologne, en Espagne, dans ses lettres particulières à des prélats, il insiste pour la réception des Décrets du concile et notamment pour la fondation des séminaires dans chaque ville épiscopale.

Plusieurs évêques d'Allemagne déclinaient la consécration, ou refusaient de prononcer la profession de foi ordonnée par Pie IV. Le pape insista longtemps pour que l'archevêque élu de Cologne, Frédéric de Wied, se fît consacrer ; il réussit enfin à obtenir sa démission.

Pie IV avait accordé la concession du calice ou de la communion sous les deux espèces à l'Allemagne méridionale. L'empereur Maximilien II, qui avait longtemps incliné vers le protestantisme, la sollicita en vain pour les Bohémiens. Pie V s'y opposa avec énergie (15 janvier, 8 mars 1572) (1) ; les progrès des Jésuites en Bavière permirent de retirer bientôt ces concessions temporaires.

Le concile de Trente avait laissé au pape l'exécution des travaux qu'il n'avait pu mener à bonne fin : le Catéchisme, le Missel, le Bréviaire, l'édition de la Vulgate.

Le Catéchisme avait déjà été préparé sous Pie IV par les Dominicains Léonard de Marinis, Gilles Foscarini, François Forerio et rédigé par Poggiani, secré-

---

(1) SCHWARZ, pièce 151.

taire de Charles Borromée. Il parut en septembre 1566, et Pie V s'occupa de le faire traduire en toutes les langues. Le Bréviaire et le Missel, œuvre des religieux Théatins, devaient suivre en peu d'années ; la Vulgate ne sera éditée que sous Clément VIII.

Le Bréviaire romain fut publié en 1568 ; par la bulle de promulgation (9 juillet), Pie V déclara que ce bréviaire serait obligatoire pour tous les séculiers ou réguliers qui ne possédaient pas un bréviaire propre approuvé depuis deux cents ans au moins.

Le Missel romain parut en 1570 et fut rapidement adopté partout (à Milan, Charles Borromée le concilia avec la Liturgie Ambrosienne), et il passa même dans les diocèses de France, où le gallicanisme se méfiait cependant de tout ce qui venait de la cour de Rome. Les synodes métropolitains de Reims, de Bourges, de Rouen, devaient adopter de même les principales décisions du concile. On ne vit plus cette diversité de rites telle que deux diocèses voisins paraissaient d'une religion différente.

Les Ordres religieux.

Pie V était dominicain, et nul ne peut s'étonner qu'il ait continué à chérir particulièrement son Ordre. On trouve cependant, sous son pontificat, des décisions générales pour tous les religieux, comme la bulle du 1er décembre 1568, *Lubricum vitæ genus,* interdisant les vœux simples et prescrivant les vœux solennels (1).

Il fonda un superbe couvent de Dominicains dans son village natal de Bosco, où il désirait avoir son tombeau. Le P. Lacordaire écrivait à Falloux, en 1844, que le couvent existait encore (2).

Pie V reconnut aux Dominicains la préséance sur les autres Ordres Mendiants, tranchant ainsi une

____

(1) *Analecta,* t. V, col. 55.

(2) Lettre insérée dans *Saint Pie V,* t. I, pp. 333-336.

controverse entre eux et les Franciscains au sujet de la date de leur fondation, et même aussi sur l'Ordre de la Trinité, antérieur cependant de seize ans aux Prêcheurs.

Dans une bulle solennelle du 11 avril 1567, il déclara saint Thomas d'Aquin docteur de l'Église, et le rangea immédiatement après les Pères de l'Église, saint Ambroise, saint Augustin, saint Jérôme, saint Grégoire le Grand. Sa fête dut être célébrée particulièrement dans le royaume de Naples, dont il était originaire. Le pape donna une somme considérable pour la publication d'une nouvelle édition de ses ouvrages (18 volumes in-folio) ainsi que de ceux de saint Bonaventure (1).

Le concile de Trente avait montré chez les évêques un grand désir de ressaisir leur autorité sur les réguliers même exempts (2). On ne peut dire que Pie V ait précisément abondé dans ce sens. Assurément, il interdit aux réguliers d'entendre les confessions sans la permission et l'examen des ordinaires : c'était supprimer, dans certaines indulgences, la faculté, laissée jusqu'alors au pénitent, de choisir son confesseur (3). Mais le 16 mai 1567, il avait donné aux Ordres Mendiants des privilèges pour les Sacrements, la quarte funéraire, les legs, les aumônes, qui ne firent que multiplier les procès. Il aurait senti la nécessité de modifier sa propre bulle, mais il n'en eut pas le temps. Le 1er mars 1573, Grégoire XIII devait révoquer ces privilèges et ramener les Mendiants au droit commun du concile de Trente, et réserver les difficultés entre évêques et réguliers à la décision du Saint-Siège.

Pie V sut montrer de la fermeté à l'égard des religieux, comme le prouvera la suppression des Humiliés. Le grand-maître de Malte se plaignit très

(1) Bzovius, col. 283.

(2) Voir ma brochure *Le Concile de Trente*. Collection *Science et Religion*, n° 387.

(3) *Analecta*, t. I, col. 1383.

vivement de la collation du prieuré de Rome au cardinal Alexandrin (1), tout en remerciant le pape d'un bref laissant en général à l'Ordre la libre disposition de ses biens (2). Moins de deux mois après ces aigres récriminations, La Valette devait mourir d'un transport au cerveau (23 août 1568). Le 22 septembre 1571, Pie V déclara que les chevaliers de Malte n'étaient pas exempts de la visite des évêques-légats du Saint-Siège (3).

Défense des droits de l'Église.

Les conflits les plus importants que Pie V ait dû soutenir dans cet ordre d'idées concernent les diocèses de Milan et de Trente, ainsi que le royaume de Naples.

Le pape soutint Charles Borromée, archevêque de Milan, dans ses démêlés avec le vice-roi de Milan pour l'emprisonnement d'un de ses archers, avec le chapitre de la Scala qu'il avait excommunié, et avec l'Ordre des Humiliés. Un religieux de cet Ordre dégénéré, Farina, ayant tiré des coups d'arquebuse contre l'archevêque (26 octobre 1569), Pie V voulut punir ce crime. Il envoya à Milan l'évêque de Lodi pour faire une enquête sérieuse, qui prouva la complicité d'un grand nombre des religieux Humiliés. Pie V, par une bulle du 7 février 1571, signée de quarante-trois cardinaux, supprima cet Ordre devenu inutile et ordonna d'employer une partie de ses biens à la construction d'un séminaire à Milan. De plus, il remit solennellement en vigueur une constitution de Boniface VIII,

---

(1) GABUTIUS y fait allusion (§ 335).

(2) Bibl. de l'Arsenal, ms. 8574, pp. 825-848.

(3) BZOVIUS, ouv. cité, col. 1032-1034. Ils prétendaient qu'ils n'étaient pas soumis aux décisions du concile de Trente.

qui édictait des peines particulières contre ceux qui attentaient à la vie d'un cardinal (1) (19 décembre 1569).

Au milieu de ces incidents avait éclaté en 1568 l'affaire de l'Eglise de Trente. L'archiduc Ferdinand, frère de l'empereur, prétendant à certains droits sur cette Eglise, l'envahit avec des soldats, qu'il voulait même rémunérer sur les revenus ecclésiastiques. Le cardinal-évêque Louis Madrucci demanda l'aide de Pie V. Celui-ci écrivit plusieurs lettres à l'empereur (notamment les 15 mai et 11 décembre 1568, 21 juillet 1569) et à l'archiduc ; il leur représenta quelle honte il y aurait pour un prince catholique à détenir les terres de l'Eglise ; c'était justifier toutes les entreprises des huguenots. Le comte d'Arcos, ambassadeur de l'empereur, négocia avec Pie V. Au mois de février 1570, le pape demandait encore que le cardinal eût une entrevue avec l'empereur (2). Enfin, le pape parvint à faire désister Ferdinand de toutes ses prétentions.

Les affaires du royaume de Naples, où il n'y avait pas eu depuis longtemps de visite apostolique, mirent Pie V en conflit avec l'Espagne. Le pape y députa, en 1568, Thomas Orfino, évêque de Strongoli. Le vice-roi de Naples refusa d'abord de le recevoir sans le *placet* royal et voulut au moins lui interdire l'accès de la Sicile (3). Pie V, qui n'aimait pas les demi-mesures, menaçait de lancer l'interdit sur tout le royaume de Naples, lorsque le cardinal Coreggio, évêque de Gaiazzo, le pria de réfléchir sur la perturbation que causerait une mesure aussi extrême, un arrangement honorable deviendrait ensuite plus difficile (4). Le pape se rendit à ces remontrances et envoya auprès de Philippe II, Louis de Torrès, clerc de la Chambre apostolique ; la question du *placet* royal fut

(1) Bzovius, col. 645-647.
(2) Schwarz, pièces 98, 102, 107, 121, 140.
(3) *Analecta*, t. II, col. 1989.
(4) Catena. *Vita*, p. 339-342, publie la lettre du cardinal.

débattue, ainsi que beaucoup d'autres sur lesquelles Pie V et le roi d'Espagne n'étaient pas d'accord, et résolue, finalement, conformément aux désirs du Saint-Père. Le visiteur apostolique fut admis en Sicile. Le 1er mars 1571, le pape ordonna aux évêques de cette île de dresser, chaque année, un répertoire des condamnations prononcées par les cours épiscopales (1).

Les laïques.

Pie V ne fit pas moins de prescriptions relatives aux laïques. Des confréries espagnoles du Saint Sacrement se permettaient de vendre des dispenses de jeûne et d'abstinence. Le pape fit cesser cet abus évident. Par contre, il permit, dans ce même pays, que les condamnés à mort ne fussent pas privés de la communion, la veille de leur exécution (25 janvier 1568).

Si Pie V veillait à extirper les abus, il avait à cœur de propager parmi le peuple les œuvres de piété solide. Personnellement, il avait une grande dévotion envers la Sainte Vierge. Il favorisa les confréries du Rosaire, dont les prières se joignirent ardemment aux siennes au moment de la bataille de Lépante.

Le 1er avril 1573, Grégoire XIII devait accroître les indulgences du Rosaire.

D'autre part, Pie V défendit aux prédicateurs, selon une bulle de Sixte IV, de parler, dans leurs sermons, de l'Immaculée Conception, dont le dogme n'avait pas encore été défini par l'Eglise (2) (30 décembre 1570).

Pie V tenait à rappeler aux chrétiens l'étendue de leurs devoirs envers leurs frères moins instruits. Les Indiens de l'Amérique du Sud n'attirèrent pas moins.

(1) Bzovius, *Annales*, col. 1030-1032.
(2) Bzovius, col. 827 à 829.

la sollicitude (1) du pape que les Corses récemment soumis, une fois de plus, par les Génois. Le charitable Las-Casas, évêque de Chiapa, en Amérique, était Dominicain. Dans de nombreuses lettres au roi d'Espagne (notamment le 17 août 1568), à François Tolet, vice-roi du Pérou, à l'archevêque de Mexico, Pie V insista pour que les Indiens fussent amenés à se convertir « avec charité et par une sainte adresse », et pour que les néophytes fussent séparés de ceux qui restaient encore païens. Les Espagnols étaient exhortés à bien traiter leurs sujets et surtout à leur donner le bon exemple par leur dignité de vie, ce qui était la meilleure des prédications (2).

Si les chrétiens avaient des devoirs, ils couraient aussi des dangers et Pie V ne manqua pas de leur rappeler les uns et les autres. Il remit en vigueur un décret tombé en désuétude depuis le concile de Latran de 1215, ordonnant aux médecins de ne pas visiter les malades gravement atteints plus de trois jours (3) sans leur rappeler l'accomplissement nécessaire de leurs devoirs religieux. Les médecins de Rome qui ne se conformeraient pas à ce décret seraient exclus de l'entrée des églises, des facultés de médecine, de l'exercice de leur profession dans la ville de Rome et déclarés perpétuellement infâmes (bulle du 8 mars 1566 : *Super gregem*).

La médecine était un art souvent exercé par les Juifs. Pie V expulsa entièrement les Israélites de l'Etat pontifical, ne les tolérant qu'à Rome, où ils pouvaient plus facilement être convertis, et à Ancône, grand port de commerce avec le Levant.

A Rome, il les confina strictement près du théâtre de Marcellus. Il leur interdit d'entrer dans la maison d'un chrétien après la tombée de la nuit, ainsi que de posséder des immeubles ; il leur imposa comme signe

_____

(1) FALLOUX, t. II, p. 42 à 58.
(2) *Analecta*, IVᵉ série, col. 1725.
(3) Le concile ne spécifiait pas ce nombre de jours.

distinctif le port d'un chapeau de couleur orange (1).
Il défendait encore aux chrétiens de choisir des juives
pour nourrices de leurs enfants. Grégoire XIII devait
compléter ces mesures en interdisant aux Juifs de soi-
gner les chrétiens (30 mai 1581).

Les Juifs alliés aux Maures de Grenade paraissant
près de se révolter en Espagne, Pie V avertit Philippe II de la gravité de la situation et, par une bulle
du 7 septembre 1567 (2) permit à tout judaïsant se
dénonçant lui-même l'absolution et la réconciliation
avec l'Église.

Le pape savait d'ailleurs atténuer dans la pratique
les sévérités de ces principes. Fuenmayor (fol. 10) et
le Père Joyau lui attribuent la conversion définitive du
juif Sixte de Sienne, déjà néophyte une première fois,
puis devenu luthérien. Celui-ci composa des ouvrages
intéressants sur le Talmud (3). Pie V convertit aussi
le rabbin Elie Carcossi.

(1) FEUILLET, p. 46. C'était une prescription renouvelée du moyen
âge.

(2) FALLOUX, t. II, p. 33.

(3) SAUBIN, *Le Talmud et la synagogue moderne*, p. 26 (Coll. *Science
et Religion*, n° 44).

CHAPITRE V

PIE V ET LES ROIS

L'inquisiteur suprême, titre qu'avait reçu le cardinal Alexandrin, a un pouvoir absolu sur tous les catholiques et sur ceux qui, ayant été baptisés, sont devenus hérétiques. Les rois n'échappent nullement par leur dignité à l'autorité pontificale. Depuis Innocent III et Boniface VIII, je ne crois pas qu'aucun pape ait revendiqué sa prérogative avec plus d'énergie que Pie V. En plein XVIe siècle, après bien des années d'oubli, ces prétentions étaient de nature à étonner. Si l'Église, sous les papes lettrés de la Renaissance, avait laissé de côté certains de ses droits spirituels ou ne les avait exercés qu'avec modération, elle n'y avait jamais formellement renoncé. Si l'adoucissement des mœurs avait fait oublier certaines pénalités, l'Église ne les avait cependant pas supprimées. Le pape Pie V prétend à son autorité absolue, il considère qu'il n'a pas en conscience le droit d'y renoncer. L'hérétique en France, aux Pays-Bas, en Allemagne, les sectaires isolés en Italie, voilà les adversaires acharnés du catholicisme que Pie V a résolu de poursuivre et contre lesquels il va entamer une lutte sans merci.

On est parfois surpris de l'imperturbable logique avec laquelle Pie V allait jusqu'aux conséquences extrêmes de ses théories. Il envoie au secours de Charles IX le comte Sforza de Santa Fiore, en lui donnant comme instructions de ne pas faire quartier, de ne prendre vivant aucun huguenot. Le duc d'Uzès ayant été fait prisonnier à la bataille de Moncontour, sa rançon avait été fixée à dix mille écus. A cette nouvelle, le pape écrivit à Santa Fiore pour lui reprocher la désobéissance à ses ordres : il aurait mieux valu tuer le chef huguenot dans le combat, mais maintenant qu'on l'a pris, il faut le libérer sans rançon. Quel mélange de rigueur et de désintéressement ! (1) s'écrie à ce sujet Ranke (j'adoucis les termes). Il faut d'ailleurs proclamer que le pape voulait vaincre les huguenots dans une lutte loyale.

La vigilance de Pie V s'exerçait à l'égard de tous les catholiques et les rois les plus orthodoxes n'étaient pas à l'abri de ses remontrances. Depuis de longues années, l'archevêque de Tolède, le Dominicain Barthélemy Carranza, était détenu, sous une accusation d'hérésie, par l'Inquisition d'Espagne. Paul IV et Pie IV avaient en vain demandé que, comme archevêque, il fût jugé à Rome. Le cardinal Buoncompagni, le futur Grégoire XIII, avait été envoyé légat en Espagne, mais n'avait rien pu obtenir. Pie V traita directement l'affaire avec Philippe II, d'un ton qui n'admettait guère de réplique. Le roi catholique subjugué dit à ses officiers, en propres termes, « qu'il fallait obéir à un pape si pieux, si saint, qui n'agissait jamais que selon les vrais intérêts de l'Église ». Carranza fut conduit à Rome par les soins de Pierre Camaiano, évêque d'Ascoli, au mois de décembre 1566. Ce procès était si compliqué que Pie V n'eut pas la joie de le voir terminé ; quelques jours avant sa mort, il s'entretenait encore de l'archevêque de Tolède avec le docteur Navarro. On voit que le fait pour Carranza d'être Dominicain n'avait nullement accéléré le dénouement du procès. Falloux croit pouvoir affirmer que Pie V eut avant sa mort, la consolation de donner une sentence d'absolution. Rusticucci, secrétaire du

---

(1) Le désintéressement est un beau côté du caractère de Pie V. Un grand d'Espagne, que Fuenmayor nomme, offrit dix mille écus pour une dispense de mariage ; Pie V la refusa d'abord, la croyant illicite, puis ayant vu qu'elle pouvait être accordée, il la donna pour rien, selon les termes d'un décret du concile de Trente (*raro et gratis*).

pape, disait que Pie V avait rédigé le jugement (on ne sait pas dans quel sens), mais qu'il ne l'avait pas promulgué : Grégoire XIII devait déclarer Carranza suspect d'hérésie, puis l'absoudre, après une pénitence suffisante. Ce prélat, qui n'avait jamais paru triste en prison, mourut en 1576, au couvent de la Minerve, ayant toujours protesté de son innocence (1).

On a parfois reproché à Pie V l'excommunication contre Élisabeth d'Angleterre. Le récent livre de M. Trésal *(Les origines du schisme anglican)* découronne cette reine de l'auréole *de vestale assise sur le trône d'Occident* dont l'avaient parée les poètes. Depuis plusieurs années, Élisabeth avait ouvertement jeté le masque, renoncé au catholicisme qu'elle avait pratiqué par force sous le règne de sa sœur et elle favorisait le protestantisme ; elle-même était indifférente et détestait notamment le mariage des prêtres. Les intrigues de Philippe II avaient forcé Pie IV à la ménager ; Pie V ne se crut pas tenu à la même réserve. Par l'intermédiaire du banquier florentin Ridolfi, il encouragea le soulèvement des catholiques anglais, qui reconnaissaient comme chef le duc de Norfolk, d'ailleurs protestant. Il exhorta les rois de France et d'Espagne à secourir l'infortunée Marie Stuart. Il envoya comme nonce son successeur à l'évêché de Mondovi, à qui l'on ne permit pas de débarquer.

Le 12 février 1570, Pie V, après une information canonique, porta en consistoire la sentence contre la reine d'Angleterre. Par la bulle *Regnans in excelsis,* il excommuniait Élisabeth et déliait ses sujets du serment de fidélité (2). Le pape n'envoya cette bulle ni en Espagne ni en France, pour ne pas exposer ces deux pays aux représailles d'Élisabeth. Le 28 septembre 1570, Maximilien II pria Pie V de ne pas publier la bulle. Henri Cobham, envoyé d'Élisabeth

<hr>

(1) FUENMAYOR, *Vida y hechos,* fol. 99.
(2) TRÉSAL, ouv. cité, p. 415.

auprès de l'empereur, s'était plaint de cette sentence et avait assuré que la reine prétendait ne vouloir faire aucun tort aux catholiques (1). Un courageux catholique, Felton, afficha la bulle à la porte de l'évêque de Londres et fut mis à mort. Les biens des catholiques anglais quittant leur pays furent confisqués, en vertu d'un bill du Parlement (avril 1571). Un projet espagnol de descente en Angleterre ne fut pas réalisé, le duc d'Albe ayant craint que, s'il passait le détroit, la France n'en profitât pour envahir les Pays-Bas. Cette crainte n'était pas chimérique. Une atroce persécution des catholiques anglais, tel fut le résultat de l'échec de leur révolte.

Si Pie V s'arrogeait ainsi le droit de châtier, il se réservait aussi celui de récompenser. Le duc de Florence, Cosme II de Médicis, avait envoyé, comme le pape, des soldats au secours des catholiques français : il déclara spontanément qu'il suivrait les instructions du pape pour la prolongation de leur séjour en France. A cette nouvelle, Pie V s'écria : « Mon Dieu, que je ne meure pas sans avoir récompensé ce prince si fidèle à l'Église ! »

De sa seule autorité, Pie V créa Cosme grand-duc (août 1569) et le couronna à Rome le dimanche de *Lætare* (5 mars 1570). Avant la cérémonie, le comte d'Arcos, ambassadeur de Maximilien II, devant qui les ducs de Florence et de Ferrare se disputaient la préséance, protesta vainement au nom de son maître. Dans le diplôme solennel, entre autres motifs de louange, Pie V rappela que la famille de Médicis avait fourni trois papes (2) à l'Église et que le duc actuel avait fondé l'ordre des Chevaliers de Saint-Étienne destiné à lutter contre les Barbaresques. Il répondit à l'empereur en alléguant divers exemples historiques : Innocent IV avait transféré le royaume de

______

(1) Schwarz, *Correspondance de Maximilien II et de Pie V*, pièces 123 et 127.

(2) En y comprenant Pie IV, qui ne s'y rattachait pas en réalité.

Portugal à Alphonse de Boulogne ; le pape seul pouvait consacrer l'empereur ; à plus forte raison pouvait-il faire d'un duc un grand-duc. Il s'efforça de concilier à Cosme l'appui de Philippe II. Après la mort de Pie V, le grand-duc, dont la vie privée était d'ailleurs peu exemplaire, vit son nouveau titre reconnu par l'empereur.

Le saint pape inspirait aux souverains catholiques d'Europe autant de respect que de sympathie. Sigismond de Pologne n'obtint cependant pas la rupture de son mariage avec Anne, sœur de l'empereur Maximilien II ; la reine, délaissée par son mari, devait mourir peu avant Sigismond. Ce prince signa un engagement de rester fidèle au catholicisme (8 mai 1570) et ne survécut que trois mois à Pie V.

Deux princes hérétiques, Eric III et Jean III de Suède, qui se disputaient la couronne, sollicitèrent même l'arbitrage de Pie V. Tandis que le cardinal Commendon voulait renouer des relations entre le Saint-Siège et la Suède, Rusticucci, secrétaire d'Etat de Pie V, déclinait cette proposition. La reine de Suède, Catherine, femme de Jean III, dont le directeur spirituel, Grohowski, était peu intelligent, ayant eu la faiblesse de communier sous les deux espèces, le pape l'abandonna. Le récent historien des *Relations entre la Suède et le Saint-Siège* (1) *pendant la seconde moitié du XVIe siècle*, M. Biaudet, blâme la rigueur implacable de « Ghisleri », tout en lui reconnaissant assez de perspicacité pour ne pas s'embarquer dans des entreprises impossibles ; il lui oppose la bienveillance accommodante de Grégoire XIII. Or le nouveau pape n'accepta pas non plus la communion dans le calice. De quel droit alors critiquer Pie V et prétendre le mettre en contradiction avec son successeur ?

(1) Paris, Plon, 1907, p. 12, 18 et suiv.

CHAPITRE VI

LA LUTTE CONTRE LES PROTESTANTS

La défense de l'Eglise contre ses ennemis fait l'unité et la beauté de la vie de Pie V. Parmi ses adversaires, les différentes sectes du protestantisme et l'islamisme étaient assurément les plus menaçants. On ne saurait prétendre que Pie V ait réussi à les dompter l'un ou l'autre, mais on ne peut méconnaître que son pontificat marque la fin des progrès des protestants comme des Turcs. Pour donner un récit complet des efforts de Pie V contre l'hérésie, il faudrait parcourir toute l'Europe.

En Pologne, il tâche d'affermir le faible Sigismond et fait annuler une constitution de la Diète qui tolérait certains hérétiques en expulsant les autres. Pie V obtient qu'ils soient tous bannis, et rétablit le catholicisme à Dantzig, où les Dominicains sont rappelés.

Aux Pays-Bas, le pape encourage le duc d'Albe, dont il ne paraît pas blâmer les cruautés. Il fait chanter des *Te Deum* et tirer des feux d'artifice en son honneur ; il envoie à ses soldats des *Agnus Dei* bénits. Il essaie en vain de déterminer Philippe II à passer aux Pays-Bas pour dompter ses sujets révoltés, ou au moins à venir jusqu'à Milan, lui rappelant que Charles-Quint a quitté autrefois l'Espagne pour la seule révolte de Gand (7 janvier 1567).

Quand Pie V monta sur le trône, les guerres de religion avaient éclaté en France depuis quatre ans environ. Les massacres de Vassy et de la Saint-Barthélemy, particulièrement maudits par les historiens, ont laissé dans l'ombre les massacres non moins affreux, commis par les protestants, et dont la *Michelade* de Nîmes (29 septembre 1568) est un des plus notoires (1).

Après de nombreuses victoires des catholiques en bataille rangée, Dreux (1562), Saint-Denis (1567), viennent des édits de pacification favorables aux huguenots. Les vaincus « gagnaient tout par ces diables d'écritures », dit justement le catholique Monluc. Grâce à Pie V, une de ces guerres eût pu se terminer avec plus d'avantage pour les catholiques.

Le pape possédait le Comtat d'Avignon, enclavé dans le royaume de France et très menacé par Coligny. Il pria le cardinal d'Armagnac, légat intérimaire, de s'entendre avec le comte de Tende, gouverneur de Provence, et le duc de Joyeuse, gouverneur de Languedoc. Six mille hommes, commandés par le comte Torquato, vinrent aider les catholiques : les petites places de Mornas, de Pont-Saint-Esprit furent successivement reprises aux huguenots, ainsi que Nîmes. Il leur fut même interdit de séjourner à moins de six lieues des Etats du pape ; les habitants d'Avignon reçurent la défense d'entretenir des relations avec la principauté d'Orange, dont le chef, Guillaume de Nassau, le futur stathouder des Pays-Bas, était un zélé protestant. Pie V entama des négociations avec Charles IX, en vue de conquérir cette principauté. Mais ensuite qu'en ferait-on ? Serait-elle remise au légat ? Serait-elle occupée par la France ? On ne put s'entendre, et la principauté d'Orange ne devait être annexée à la France que sous Louis XIV (1702).

Pour permettre au clergé de soutenir le roi de France, Pie V consentit à l'aliénation de biens ecclésiastiques (dont la vente produisit 750.000 écus) et envoya des commissaires pontificaux pour présider à

___

(1) Voir ROUQUETTE, *Les Saint-Barthélemy calvinistes,* Col. *Science et Religion,* n° 392.

cette opération (1). Une lettre à Charles IX, du 6 mars 1569, lui annonça l'envoi de nombreux secours italiens : le duc de Ferrare avait refusé d'aider la France, les ducs de Savoie et de Florence montrèrent du zèle. Le contingent pontifical était commandé par le comte de Santa-Fiore, frère du cardinal Sforza ; les soldats reçurent des exhortations morales, grâce auxquelles ils observèrent une belle tenue, rare alors parmi les camps. Les auxiliaires pontificaux eurent une grande part à la levée du siège de Poitiers et à la grande victoire de Moncontour (7 octobre 1569). Charles IX envoya au pape des étendards pris sur les huguenots ; ils ornèrent les basiliques de Saint-Jean de Latran et de Saint-Pierre. Gabutius les voyait encore en 1605, pendant qu'il écrivait la vie de Pie V. Après ces victoires, le pape insista en vain auprès du roi pour qu'il n'accordât pas la paix aux hérétiques ; après l'édit de Saint-Germain, il exhala ses plaintes aux cardinaux français (1570).

La situation du catholicisme était plus grave encore en Allemagne. La frontière orientale de l'Empire était menacée par les Turcs, et les luthériens spéculaient assez habilement sur ce danger pour essayer d'extorquer des concessions au faible empereur Maximilien II. Pie V ne négligea rien pour suppléer à cette indécision. Comme une diète devait se réunir à Augsbourg en 1566, il y envoya le cardinal Commendon, avec les instructions les plus précises, quinze jours seulement après son avènement (20 janvier). Le légat devait prier la Diète de ne rien décider sur les questions qui avaient été tranchées par le concile de Trente et s'opposer à ce que l'égalité fût reconnue entre le catholicisme et le protestantisme. Le légat eut gain de cause.

Deux à trois ans après, une nouvelle diète dut se réunir à Spire. Pour obtenir des secours contre les Turcs, Maximilien était prêt aux plus larges conces-

____

(1) Lettre royale du 15 septembre 1568. Voir L. SERBAT, *Les Assemblées du Clergé*, Paris, 1906 (Bibliothèque de l'École des Hautes Études).

sions ; dans ses États d'Autriche, il songeait à accorder la tolérance aux protestants. Commendon fut encore envoyé pour parer ce nouveau coup ; il avait même l'ordre de menacer l'empereur de la déposition si c'était nécessaire (18 septembre 1568). Le cardinal jouissait d'un tel ascendant sur Maximilien, que celui-ci, redoutant son arrivée, avait en vain tenté d'empêcher son départ. Le grand péril qui menaçait le catholicisme en Allemagne fut détourné par la fermeté du légat. Dans une lettre du 1er décembre 1568, Pie V put se réjouir que l'empereur n'eût rien accordé de nouveau aux protestants. Le 20 janvier 1569, Maximilien promit de faire ce qui serait en son pouvoir pour protéger le catholicisme (1).

Un événement extérieur vint d'ailleurs raffermir les bonnes dispositions de l'empereur. Philippe II, marié trois fois, se trouvait veuf d'Elisabeth de Valois, qui ne lui laissait que deux filles. Il avait fait emprisonner son fils unique, Don Carlos, mort bientôt après (24 juillet 1568), et se trouvait donc sans héritier mâle. Il demanda à son cousin germain Maximilien la main de sa fille aînée Anne (l'autre, Elisabeth, fut mariée cette même année à Charles IX). Pie V saisit avec empressement l'occasion de se montrer agréable à l'empereur et au roi d'Espagne, en accordant rapidement la dispense (8 août 1569) (2). Ce mariage attacha désormais Maximilien à la politique espagnole.

Le Pape était assurément dans son rôle en encourageant le duc de Savoie, Philibert-Emmanuel, à reprendre Genève aux calvinistes et en proposant à Philippe II la confiscation des Etats de Jeanne d'Albret, zélée protestante, qu'il songeait à citer à Rome. Il avait député en Navarre des vicaires apostoliques au grand mécontentement de l'évêque de Bayonne (30 avril 1566) (3). Seulement l'application de ces

(1) SCHWARZ, pièces 89, 91, 96, 99.
- (2) SCHWARZ, pièce 151.
(3) *Bibl. Nationale*, coll. Duchesne, vol. 47, fol. 119-125.

mesures eût été préjudiciable à la France ; car la Navarre, dont la moitié avait déjà été conquise par Ferdinand le Catholique, aurait été occupée entièrement par Philippe II, et Henri de Bourbon n'aurait plus pu s'appeler le roi de Navarre.

Le Pape ne veillait pas moins sur l'Espagne et sur l'Italie, où quelques personnages isolés se faisaient les hérauts du protestantisme. La terrible Inquisition espagnole réussit à détruire les colonies hérétiques de Séville, Cordoue, Tolède (1) ; des ballots de livres luthériens et calvinistes, imprimés à Toulouse, furent saisis aux frontières. Pour frapper l'imagination du peuple, Pie V ordonna que les maisons des hérétiques fussent rasées et que sur leur emplacement fût érigée une colonne relatant le crime et le châtiment.

En Italie, Pie V pouvait agir plus énergiquement ; il réclama l'extradition de tous les hérétiques. Pierre Carnesecchi lui fut livré par le duc de Florence (1566), Zanetti de Fano par le sénat de Venise (1567). Le dominicain Casanova fut envoyé en Valteline pour saisir des ballots de livres imprimés à Poschiavo et pour capturer l'hérétique François Celaria, retiré au château de Morbegno. Comme les deux autres nommés ci-dessus, il fut brûlé, mais on croit que, s'étant repenti avant de mourir, il ne fut brûlé qu'après avoir été étranglé. Des amis de ces victimes s'étant plaints de ces supplices au duc d'Albuquerque, vice-roi de Milan, celui-ci répondit que le Pape avait le droit de rechercher les hérétiques dans toute la chrétienté (2).

Pie V porta une sentence de déposition contre six prélats français coupables d'hérésie, Jean de Chaumont, archevêque d'Aix, et les évêques Jean de Monluc (Valence) ; Louis d'Albret (Lescar) ; Charles Guillart (Chartres) ; Jean de Saint-Gelais (Uzès) ;

---

(1) Sur les colonies hérétiques d'Espagne, des détails très intéressants ont été donnés dans le cours de Mgr Baudrillart à l'Institut Catholique en 1907.

(2) GABUTIUS, liv. III, ch. V. Des Vaudois furent convertis avec douceur par Christophe Roderico, jésuite à Naples.

Claude Regin (Oloron). Cette bulle est du 11 décembre 1566 (1). Il parvint aussi à faire chasser Odet de Châtillon de l'évêché de Beauvais et du Conseil du roi : l'apostat se retira en Angleterre. Le Pape fit restituer par une dame de la cour les revenus de l'évêché de Glandèves dont elle s'était emparée.

Pie V faisait la guerre à tous les ennemis de la papauté même dans le passé. Ayant trouvé dans l'église de Saint-Paul-hors-les-Murs le tombeau de Pierre Léon, qui avait suscité contre Innocent II le schisme dit d'Anaclet (1130), il fit détruire le monument et jeter les os au vent.

Près du Forum, une statue énigmatique passait aux yeux du peuple pour représenter la papesse Jeanne ; Pie V la fit aussi détruire. Il comprenait déjà combien les objections peu sérieuses contre l'Église sont néanmoins tenaces. Quoiqu'il ne fût pas personnellement un historien, il se rendit compte de la nécessité qu'il y avait pour les catholiques à lire et à écrire l'histoire. Il encouragea par un bref du 2 juin 1570 le chartreux Laurent Surius, de Lubeck, qui avait publié six volumes sur les Vies des Saints (c'est dans ce Recueil que Corneille lut le récit du martyre de saint Polyeucte). Sachant que des protestants, appelés les Centuriateurs de Magdebourg, avaient composé une histoire de l'Eglise qui était pleine de faussetés, Pie V s'occupa de la faire réfuter par des savants catholiques. Canisius, célèbre jésuite, fut chargé des premiers travaux d'approche. La publication ne devait pas être réalisée avant le cardinal César Baronius, oratorien, dont les douze volumes d'*Annales ecclésiastiques* vont jusqu'à l'avènement d'Innocent III ; mais l'idée première de ce livre appartient à Pie V.

Ce pape envoya un bref de félicitations au poète

(1) Bibl. Sainte-Geneviève, ms 851, fol. 97. Le procès avait été commencé par Pie IV, qui y avait compris en plus François de Noailles, évêque de Dax et Antoine Caracciolo, évêque de Troyes. Voir un article de l'abbé Degert, *Revue des Questions historiques*, juillet 1904, p. 61-108.

Ronsard (1), qui avait vigoureusement combattu les protestants.

Pie V intervint encore dans une grave controverse. Michel Baïus, docteur de l'Université de Louvain, avait adopté et exagéré les idées du dominicain Pierre Soto sur la prédestination et la grâce. En juin 1560, la Sorbonne de Paris avait censuré Baïus. Granvelle avait imposé silence aux deux parties, mais Baïus ne l'observa pas. Il fallut bien porter l'affaire à Rome. Le 1er octobre 1567, la doctrine de Baïus fut déclarée hérétique, erronée, suspecte, téméraire. Le cardinal Granvelle transmit l'avis de la condamnation à Baïus, qui lança un manifeste (8 janvier 1569) où il se plaignait à Pie V d'avoir été calomnié. Le pape eut la condescendance inouïe de faire recommencer le procès. En mai 1569 fut prononcée la condamnation définitive. Baïus fut exclu de l'Université. Puis la faiblesse de Grégoire XIII le laissa redevenir vice-chancelier de Louvain en 1575. Sa polémique avec le jésuite Lessius annonce à l'avance les *Provinciales* de Pascal. On ne peut nier en cette circonstance la magnanimité de Pie V, et il faut le louer d'avoir compris, dans sa clairvoyance, que les nouvelles opinions de Baïus seraient un danger pour l'Église.

(1) Le P. Joyau mentionne cette bulle à la page 279 de son livre : *Saint Pie V, pape du Rosaire,* mais n'en donne malheureusement ni la date ni le texte.

(2) FALLOUX, t. II, pp. 70 à 94.

CHAPITRE VII

LA LIGUE CONTRE LES TURCS

La première moitié du xvie siècle avait été une ère de gloire politique et littéraire pour les Turcs. Sélim Ier conquiert l'Egypte (1517), Soliman le Magnifique emporte en 1522 Rhodes, dont les Chevaliers viennent s'établir à Malte, et occupe une partie de la Hongrie, après la désastreuse bataille de Mohacz (1526), il met le siège devant Vienne (1529). Dans la Méditerranée occidentale, les Barberousse établissent à Alger une puissante république de pirates vassale de Constantinople, qui sera pendant trois siècles la terreur de l'Europe. Une attaque de Charles-Quint contre Tunis réussit en 1535 ; cette ville sera gardée par les Espagnols jusqu'en 1578 ; mais en 1541, une nouvelle expédition de l'empereur contre Alger avait complètement échoué.

Les Turcs subissent un échec sérieux devant Malte (1565), vigoureusement défendue par le grand maître La Valette (1), et Soliman meurt bientôt au siège de Szigeth en Hongrie (1566). Son successeur, Sélim II, n'est pas doué du même courage personnel, mais les Turcs possèdent des généraux et des amiraux expérimentés. Les flottes turques sont d'une grande mobilité ; pendant que la plus grande partie est occupée à la guerre de Chypre, une division remontera audacieusement l'Adriatique jusque près de Venise. Au

_____

(1) La nouvelle capitale de l'île porte justement le nom de ce valeureux guerrier.

début du pontificat de Pie V, les Turcs avaient débarqué dans la Pouille et mis à sac la région de Francavilla. Les efforts du Pape pour unir l'Europe contre les Turcs n'étaient donc que trop justifiés, puisque les croisades semblaient retournées contre l'Occident chrétien. Mais la Pologne avait officiellement signé la paix avec les Turcs, et l'empereur Maximilien II une trêve de six ans. En raison du protectorat des Lieux Saints, François Ier, en 1535, avait conclu avec la Turquie une alliance formelle, que devait bientôt resserrer l'envoi à Constantinople de l'ancien évêque de Dax, François de Noailles, poursuivi par le pape comme hérétique avec d'autres prélats.

Le roi Sébastien de Portugal méditait déjà une expédition contre le Maroc. En Italie, Gênes était très déchue et venait de consacrer ses dernières ressources à soumettre la Corse. Les seules puissances maritimes sur lesquelles Pie V pouvait compter étaient la république de Venise et surtout l'Espagne, dont les possessions les plus vulnérables étaient le royaume de Naples, la Sicile et la Sardaigne.

A la suite d'une insolente sommation, les Turcs étaient venus attaquer l'île de Chypre, appartenant aux Vénitiens. Le doge Mocenigo demanda aide au pape, et Pie V lui procura le secours de l'Espagne.

En vertu d'une convention conclue avec Pie IV, le roi d'Espagne devait équiper une flotte de cent galères pour combattre les Turcs. Il ne put, en 1570, offrir que cinquante vaisseaux.

Il y avait entre Philippe II et les Vénitiens de sérieuses divergences sur le but précis de l'expédition. Venise dominait dans la Méditerranée orientale, Philippe II dans la Méditerranée occidentale. Le roi d'Espagne s'inquiétait assez peu de voir Venise perdre Chypre ; son principal amiral, le Génois Jean-André Doria, aurait vu sans regret humilier la rivale de sa patrie. Philippe II se souciait davantage des Barbaresques, trop voisins des Maures insoumis de Grenade.

La ligue de Pie V est caractérisée par la permanence que le pape voulut certainement lui donner et par le but religieux. Ne voir qu'un seul ennemi, l'islamisme, voilà l'idéal que Pie V proposait aux catholiques. L'honneur de cette entreprise suffit à éterniser son nom.

Le 8 mars 1570, Pie V envoya à la cour de Madrid Louis de Torrès, pour engager Philippe II à soutenir les Vénitiens. Le roi déclara qu'il s'en remettait aux deux cardinaux Granvelle et Pacheco résidant à Rome et à son ambassadeur Jean de Zuniga (1) (16 mai 1570).

La république de Venise envoya à Rome Jérôme Suriano, partisan d'une action énergique, avec la mission de demander la réunion des deux flottes (2).

Le pape revendiqua le commandement suprême pour un Romain, Marc-Antoine Colonna, connétable de Naples, homme dans la force de l'âge, dont la campagne de 1571 mettra en valeur le courage et l'abnégation. Il reçut solennellement le drapeau bénit par Pie V. La flotte espagnole devait être commandée par Jean-André Doria, les Vénitiens par le provéditeur Zane. A ce moment, Nicosie n'était pas encore prise et, par une hardie offensive, les chrétiens pouvaient sauver Chypre des musulmans.

Malheureusement, les flottes se réunirent tardivement, Doria n'obéit pas à trois bulles du pape lui prescrivant de se hâter. Il tenait surtout, et la bataille de Lépante le prouvera bien, à garder intacts les beaux vaisseaux que l'Espagne lui avait confiés. C'est l'appréciation la plus bienveillante que l'on puisse porter de sa conduite. Ce temporisateur ne s'entendit pas avec les Vénitiens ni avec Colonna, qui n'était pas d'un âge et d'une dignité suffisante pour départager ses collègues. Doria et Zane se séparèrent et les escadres allèrent hiverner sans avoir rien fait en commun, car on ne peut faire entrer en ligne de

(1) CATENA, p. 263-265.
(2) BZOVIUS, col. 748-774.

compte la prise par les Vénitiens d'un petit fort d'Albanie que les Turcs réoccupèrent peu de temps après. La campagne de 1570 était manquée et le sort de Chypre bien compromis.

Pie V ressentit cruellement l'échec de cet immense armement. Peut-être prévoyait-il la courte durée de sa vie ; il avait la noble ambition de ne pas quitter ce monde sans avoir accompli son grand dessein. Il provoqua de nouvelles conférences entre les envoyés de Venise, d'Espagne et le conseil des cardinaux, Morone, Alexandrin, Grassi, Cési, Aldobrandini, Rusticucci, de Chiesa. Il allait sans cesse des uns aux autres pour les concilier. Au milieu des négociations, il apprit la chute de Nicosie, l'une des principales villes de Chypre. Il ne fut point abattu par cette grande défaite (1), mais il s'occupa ardemment de préparer une glorieuse revanche. Il prononça un discours pathétique devant le Conseil (2), se déclarant prêt à mettre sa propre personne au service de la chrétienté comme l'avait fait autrefois Pie II, mort à Ancône en 1464, en préparant une croisade.

Pendant des semaines furent débattues les questions les plus délicates, au milieu de grandes difficultés. Venise avait adjoint à Suriano un collègue, Soranzo, moins zélé pour la Ligue ; Granvelle soutenait parfois si opiniâtrément les prétentions de l'Espagne, que Pie V dut lui retirer la parole. Plusieurs questions importantes se posaient : les dépenses, le but précis et la durée de la Ligue, le choix du généralissime.

Les frais annuels étaient évalués à 600.000 écus ; primitivement, l'Espagne devait en fournir la moitié, Venise le tiers, et le pape le sixième. Mais 100.000 écus étaient une charge trop lourde pour le pape, il ne pouvait offrir que 35.000 écus. Après bien des conférences, Philippe II prit pour lui les trois cinquièmes

____

(1) Bibl. de l'Arsenal, ms 8574, pp. 1501-1513.
(2) Bzovius, col. 782. Le début des négociations est col. 744.

de la dépense incombant au pape, et Venise, le reste.

Pour mettre les alliés en état de supporter ces dépenses nouvelles, Pie V, avec l'approbation des cardinaux, accorda à Venise une levée de 100.000 écus par an sur les biens ecclésiastiques (1) ; il renouvela pour l'Espagne la bulle de la Croisade *(Cruzada)* que, dans un moment de mécontentement contre Philippe II, il avait précédemment songé à révoquer, en raison des abus auxquels elle donnait lieu.

A l'égard des Vénitiens, le pape eut toujours les procédés les plus courtois. Après la prise de Nicosie, le nonce Fachenet, qui avait utilement réformé les mœurs du clergé vénitien, adressa une allocution au Sénat de Venise et affirma que l'appui du pape ne lui ferait jamais défaut. Quelques difficultés s'étant élevées au dernier moment, Pie V députa à Venise Marc-Antoine Colonna lui-même pour les aplanir.

Le but essentiel de la Ligue était la défaite des Turcs, partout où l'on pourrait les rencontrer, mais puisqu'à cette heure la flotte ennemie opérait dans la Méditerranée orientale, c'est là qu'il fallait la poursuivre. Le secours ou la conquête de Chypre était le premier but, la conquête de l'Egypte, de la Palestine, de Constantinople, des Etats barbaresques pourraient venir ensuite, puisque la Ligue devait durer autant d'années que la nécessité s'en ferait sentir.

Le choix du généralissime mettait en jeu les susceptibilités nationales. Les Espagnols revendiquaient le commandement de l'armée navale pour un des leurs, en raison du grand nombre de leurs vaisseaux. Le pape comprit qu'il ne pouvait plus mettre en avant Marc-Antoine Colonna. Il chercha un prince jeune, dont le nom fût assez éclatant par lui-même pour imposer sa supériorité à tous les autres chefs.

Le duc d'Anjou, le futur Henri III, qui s'était distingué par son courage dans la guerre de 1569, contre les huguenots, fut pressenti, mais il s'excusa sur la

(1) Il leur avait déjà accordé six décimes, le 4 mai 1570.

nécessité de rester en France pour surveiller les protestants.

Pie V offrit le commandement à Don Juan d'Autriche, fils naturel de Charles-Quint et âgé de vingt-six ans (1). Philippe II avait donné à son frère le commandement de l'armée destinée à réprimer le soulèvement des Maures de Grenade. Cette guerre était à peine finie quand Don Juan reçut l'offre du pape, qu'il accepta aussitôt.

A côté du jeune prince, Marc-Antoine Colonna commanderait les galères pontificales ; Louis de Réquésens, grand connétable de Castille, les soldats espagnols ; Jean-André Doria, les marins ; le provéditeur Veniero, âgé de 78 ans, les Vénitiens ; il avait remplacé Zane, tombé en disgrâce et emprisonné après l'échec de la campagne de 1570. En cas de dissentiment, la voix de Don Juan d'Autriche, capitaine général, serait prépondérante.

Le traité de la Ligue ne comprend pas moins de vingt-trois articles (2).

ARTICLE PREMIER. — Une Ligue est conclue entre le pape, le roi d'Espagne et la république de Venise. La flotte alliée sera composée de 200 galères et de 100 navires de transports, avec 50.000 fantassins, 4.500 hommes de cavalerie légère.

ART. 2. — Chaque année, la concentration aura lieu dans la Mer de l'Archipel, en mars ou avril.

ART. 3. — On secourra tous les chrétiens attaqués.

ART. 4. — Un conseil sera tenu tous les automnes à Rome.

ART. 5. — Le pape fournit 12 galères, 3.000 fantassins, 270 cavaliers.

ART. 6. — Le pape paiera un sixième, l'Espagne la moitié, Venise un tiers des frais.

---

(1) Il avait été élevé par Louis de Quixada. Quixada est le véritable nom du Don Quichotte de Cervantès.

(2) GABUTIUS, liv. IV, ch. III, p. 671.

ART. 7. — Si le pape ou Venise ne peut payer sa part, le roi d'Espagne comblera le déficit.

ART. 8 ET 9. — Les Vénitiens prêtent au pape 12 galères qu'il garnira de soldats et rendra après la campagne.

ART. 10. — Tout achat de blé est interdit avant que les confédérés aient fait leurs provisions ; le roi d'Espagne cependant pourra disposer de blés provenant du royaume de Naples.

ART. 11. — Les droits d'octroi sur les blés seront modérés.

ART. 12 ET 13. — Si les Barbaresques attaquent le roi d'Espagne, les Vénitiens lui prêteront 50 galères, s'ils n'en ont pas besoin alors pour une expédition commune des alliés. Les Espagnols prêteront 50 galères à Venise si la flotte turque vient dans la mer Adriatique entre Avlona (1) et Venise.

ART. 14. — Si les États pontificaux sont attaqués, les confédérés seront tenus de les secourir.

ART. 15. — Les décisions prises par deux au moins des représentants de chaque État allié seront exécutées.

ART. 16. — Don Juan d'Autriche sera chef suprême, Colonna son lieutenant général.

ART. 17. — Don Juan d'Autriche arborera l'étendard commun dans les expéditions communes.

ART. 18 ET 19. — L'empereur, les rois de France et de Portugal, et les autres princes chrétiens sont invités à se joindre à la Ligue.

ART. 20. — Tunis, Alger et Tripoli une fois conquises, resteront au roi d'Espagne (2) ; les munitions de guerre capturées seront partagées entre les confédérés.

ART. 21 — Aucun dommage ne sera fait à la ville de Raguse.

---

(1) Port d'Albanie.

(2) On se référait ici à un traité conclu en 1537, sans doute entre les Génois et Charles-Quint. L'état de guerre comprenait tous les pays occupés par les musulmans.

ART. 22. — Aucun dissentiment ne pourra rompre la Ligue ; la solution de toutes les difficultés sera réservée à Pie V et à ses successeurs.

ART. 23. — Toute convention séparée avec les Turcs est interdite aux confédérés.

Tel est ce traité, véritable modèle de sagesse diplomatique qui fait grand honneur à l'intelligence politique de Pie V. Il fut promulgué solennellement à Rome le 25 mai 1571 et accueilli avec une joie universelle. On concevait l'espérance que, si la Ligue durait seulement quelques années, les Turcs pourraient être refoulés hors de l'Europe.

Pie V ne se contenta pas d'avoir fait conclure ce traité ; moins d'un mois après, il essaya de le faire signer par d'autres princes. Le 19 juin 1571, il déclara Commendon et Alexandrin légats.

Commendon fut envoyé au roi de Pologne, qui l'adressa à ses palatins non engagés par la trêve ; l'un d'un d'eux, Lascus, précédemment hérétique, offrit 30.000 hommes pour une expédition continentale sur le Bas-Danube ; cette diversion pouvait avoir son utilité. L'empereur, loin de se décider à rompre la trêve, envoya aux Turcs le tribut annuel.

Pie V avait même songé à faire appel au grand-duc de Moscovie, Ivan le Terrible, qui rappelait Henri VIII par sa férocité et ses nombreux mariages ; mais ce qu'on rapporta au pape de la barbarie de ce pays le détourna de ce projet (1).

Le cardinal Alexandrin fut envoyé aux rois d'Espagne, de Portugal et de France, pour encourager le premier et déterminer les autres. Le pape voulait toujours marier Sébastien de Portugal avec Marguerite de Valois, et le jeune roi ne demandait comme dot que l'accession de la France à la Ligue.

Alexandrin entretint Philippe II (septembre 1571) de l'espérance de détacher des Turcs le vice-roi d'Al-

(1) Il existe cependant une lettre de Pie V à ce prince, du 9 août 1570, dans Bzovius.

ger Luchialy ou Euldj-Ali, qui était un renégat de Calabre, en lui assurant une principauté en terre chrétienne. Ce marin consommé, qui joua un si grand rôle dans la bataille de Lépante, devait être, jusqu'à la fin de sa vie, le principal chef des barbaresques. On ne sait sur quels indices se fondait l'espoir de Pie V.

Charles IX ne se laissa pas émouvoir par la détresse de la chrétienté et promit seulement au cardinal de rester toujours bon catholique ; il lui offrit même un anneau, dont Catena avait lu l'inscription ; mais Alexandrin ne put l'accepter alors, en raison de la défense du pape. Charles IX le renvoya au cardinal après la mort de Pie V. Au début de l'année 1572 Alexandrin était revenu à Rome.

Les tentatives de Pie V pour élargir la Ligue avaient donc échoué, mais pendant ce temps la bataille de Lépante avait été gagnée par les flottes alliées.

CHAPITRE VIII

BATAILLE DE LÉPANTE. MORT DE PIE V

Le 7 octobre 1571, à quatre heures, Pie V causait avec le trésorier Busseto, quand il eut une extase, regarda le ciel du côté de l'Orient, se mit à genoux dans son oratoire et dit à son interlocuteur surpris : « Il est temps de rendre grâces à Dieu, car en ce moment les chrétiens remportent la victoire. » Busseto rentra chez lui, nota l'heure de la vision, déclara devant un notaire le spectacle dont il avait été témoin, mais il n'en parla à personne d'autre avant la mort de Pie V, de peur que l'autorité du pape ne fût diminuée, si le fait ne se vérifiait pas. Un cardinal, entré peu après dans l'oratoire, confirma que le pape était alors en prières. Cette vision est un des premiers miracles admis pour la béatification de Pie V.

En effet, Don Juan d'Autriche et Marc-Antoine Colonna, malgré une grave faute de Jean André Doria, avaient remporté sur les Turcs une admirable victoire, grâce à laquelle les infidèles ne seraient plus à redouter sur mer. Sur deux cents vaisseaux turcs, une trentaine seulement échappèrent de la déroute. Mais les vivres et les munitions faisaient défaut aux chrétiens.

L'annonce du grand succès parvint à Rome le 22 octobre, par Venise ; le courrier destiné au pape ayant été retardé par les tempêtes, les nouvelles de Naples arrivèrent le 25 octobre.

Quel que fût le résultat de la journée de Lépante, ce n'était pour Pie V qu'un commencement. Sans doute, après une si dure leçon, les Turcs ne se hasarderaient pas de nouveau à rencontrer les flottes chrétiennes. Il fallait, en 1572, prendre hardiment l'offensive et reconquérir les territoires enlevés aux chrétiens.

Le pape fit le plus magnifique accueil à Marc-Antoine Colonna et lui décerna un triomphe digne d'un héros chrétien. Le latiniste Muret lui adressa une harangue, que Bzovius a recueillie. Certains reprochaient à Pie V cette magnificence ; le généralissime pouvait se montrer jaloux de ces honneurs rendus à son lieutenant. « Si Don Juan vient lui-même, dit le pape, je lui rendrai plus d'honneur encore. » Mais Don Juan ne vint pas à Rome, il hiverna d'ailleurs en Italie, afin d'être plus à portée pour la campagne suivante.

Le pape reçut avec bonté le chevalier Romégas, qui avait porté l'étendard bénit (4 novembre 1571) et ordonna qu'il fût admis dans le Conseil de la Ligue (1). Avec une activité merveilleuse, Pie V prépara la campagne de 1572, qu'il ne devait pas voir. Il écrivit au roi d'Ethiopie David, au souverain de Perse Schah Tamasp pour les exhorter à venger leurs vieilles querelles et à prendre les Turcs à revers. Des missionnaires de la Compagnie de Jésus furent chargés par le roi de Portugal, qui avait des colonies en Orient, de faire parvenir à destination les lettres du pape.

Pie V défendit de délivrer les captifs turcs sans entente entre les chefs chrétiens, et surtout pendant toute la durée de la guerre (26 décembre 1571). Le second fils d'Ali-Pacha étant arrivé à Rome (son frère aîné avait succombé à Naples aux tristesses de la captivité) fut logé par lui dans un palais « où il ne lui manqua rien, sinon la liberté ».

Le 12 mars 1572, il donna mission aux cardinaux Aldobrandini et de Sainte-Croix d'absoudre les croisés de tout péché, sauf des causes d'hérésie et de lèse-majesté. Le même jour, il ordonna d'agrandir l'hôpital

(1) Jurien de la Gravière, t. II, p. 244.

de Corfou, qui pouvait rendre des services précieux aux chrétiens.

Mais dans l'hiver de 1571-72, Pie V fut repris de la cruelle maladie qui en 1565 l'avait déjà mis aux portes du tombeau. Il vit qu'il n'avait plus que le temps de penser à l'éternité. Il était constamment entouré des cardinaux Alexandrin, Acquaviva, Montalto (le futur Sixte-Quint) et du général des Dominicains, Séraphin Caballo. Il leur donna ses dernières instructions, leur recommandant surtout la continuation de la Ligue. Il pria les cardinaux de ne pas prolonger le conclave et de se mettre rapidement d'accord sur le choix d'un nouveau pape ; ce vœu fut exaucé, car Grégoire XIII fut élu dix jours après les funérailles de Pie V.

A la nouvelle de la gravité de son état, Rome ne fut pas en proie aux rumeurs et aux agitations ordinaires lors d'une fin de pontificat, où l'on ne songe trop souvent qu'aux intrigues et aux *combinazioni* politiques. Le bruit de la mort de Pie V ayant couru prématurément, ce fut dans Rome une douleur universelle. Le peuple romain, quelque grande que fût sa versatilité, semblait comprendre confusément qu'avec Pie V disparaissait quelqu'un de vraiment grand. Il mourut le 1er mai 1572, à l'âge de soixante-huit ans, trop tôt pour le bien de la chrétienté, avoue Agatio (1) qui serait plutôt parmi ses détracteurs.

Le corps de Pie V fut provisoirement déposé dans une chapelle de la basilique de Saint-Pierre ; par un oubli providentiel, il ne fut point transporté à Bosco. Sa translation solennelle, à laquelle Sixte-Quint devait présider, eut lieu le 9 janvier 1588. Son tombeau définitif est à Sainte-Marie-Majeure, dans la chapelle dite du *Praesepe*.

Le court pontificat de Pie V eut une importance considérable. Ses vertus rendirent à la papauté un

---

(1) Trad. de FÉLIBIEN, p. 273.

éclat que le népotisme de Paul III et de Paul IV lui avait quelque peu enlevé. Tel fut l'effet des extraordinaires austérités de ce pontife qu'il contraignit ses successeurs à les imiter ou du moins à s'en rapprocher.

Sans doute, dans l'ordre politique, les beaux desseins de Pie V n'eurent pas de lendemain. La Ligue contre les Turcs mourut avec lui, lorsqu'il n'y eut plus une main ferme pour la diriger. La république de Venise fut heureuse d'obtenir un traité séparé avec les Turcs ; c'était une infraction au dernier article de la Ligue.

Malgré cet échec relatif de ses desseins politiques, Pie V reste la plus saisissante personnification de la contre-réforme catholique. Treize ans après sa mort, ses talents diplomatiques et ses vertus morales devaient revivre dans Sixte-Quint, qui, selon la tradition, avait été réconforté dans ses doutes d'un instant par l'Inquisiteur Ghisleri. Mais l'histoire de Pie V n'est pas terminée avec sa mort ; l'austère pontife aura l'honneur de monter sur les autels.

BÉATIFICATION
ET CANONISATION DE PIE V

Catena, dès 1587, Fuenmayor en 1595, Gabutius en 1605 avaient réuni sur leur héros bien des indices de sainteté que des miracles allaient bientôt confirmer.

Pendant son pontificat, il avait guéri des possédés, et même une pauvre femme, qui lui avait naïvement demandé de la délivrer d'un violent mal de tête. Les premiers miracles postérieurs à la mort de Pie V furent opérés en faveur de religieux dominicains, ce qui ne peut étonner quand on se souvient de l'affection que le pape avait conservée à son Ordre.

Le 1er février 1625, la Congrégation des Rites permit de célébrer l'office de son couronnement pontifical.

Urbain VIII venait d'être élu pape, et en 1629, on se crut bien près d'arriver au but. Cette année vit paraître à la fois la Relation des auditeurs de rote, Jean-Baptiste Coccini, Philippe Pirovani et Clément Merlini, recueillie par Bzovius (col. 1162 à 1218) et par les Bollandistes, et un opuscule de Archange Caraccia de Ripalta : *Brevis enarratio gestorum Sanctissimi pontificis Pii papæ quinti ex processibus et probatis auctoribus digesta* (1).

Toutefois le jugement devait encore tarder près d'un demi-siècle. Clément X, pape dominicain, sur les instances de Roccaberti, maître général de cet Ordre, appuyé par Louis XIV, eut la joie de béatifier celui qui avait été l'honneur de son Ordre. La cérémonie eut lieu le 1er mai 1672, au centenaire précis de sa mort.

(1) Bibl. de l'Arsenal, H 13.112 in-8. (Rome, Facciotti, 1629.)

Une nouvelle châsse fut donnée par le P. Antoine Cloche, maître général de l'Ordre de Saint-Dominique et les ossements du bienheureux y furent placés le 28 septembre 1698 (1). Un décret du 8 juillet 1710 porta qu'on pouvait sûrement procéder à la canonisation, qui eut lieu solennellement au Vatican le 22 mai 1711. La fête de saint Pie V fut fixée par Clément XI au 5 mai. Les leçons de son office reproduisent très bien sa biographie (2).

Ce saint ne rentre guère dans l'opinion vulgaire que l'on a trop souvent sur ces serviteurs de Dieu. Saint Pie V, qui est actuellement le plus récent pape canonisé, avait su merveilleusement réunir en lui la piété profonde de l'ascète et l'énergie implacable de l'homme d'action : il est le digne contemporain de sainte Thérèse.

(1) A cette époque, une oraison en l'honneur du pape Pie V fut permise à Sainte-Marie-Majeure et dans un couvent de Milan qu'il avait fondé. *Analecta*, t. VIII, col. 1330-1333.

(2) *Analecta*, t. XXIV, col. 893. Les consulteurs de Benoît XIV s'occupèrent de son office vers 1748.

BIBLIOGRAPHIE

I. — Biographies générales.

CATENA (Jérôme), secrétaire du cardinal Alexandrin, petit-neveu de Pie V : *Vita del gloriosissimo Papa Pio quinto*, dédiée à Sixte-Quint, deux éditions in-4° et in-8°. Rome, 1586 et 1587 (avec un privilège de Henri III). Il termine son récit par cent pages de pièces justificatives traduites en italien et par le conclave de Sixte-Quint, du 24 avril 1585. (Bibl. de l'Arsenal, H. 13.110 in-8°).

GABUTIUS (Jean-Antoine) clerc régulier de Saint-Paul, publia en 1605 une *Vie de Saint Pie V* en latin. Il l'écrivit sur les instances du cardinal Alexandrin et d'un autre parent du pape, Sébastien Ghisleri, évêque de Strongoli, et la dédia au pape Paul V. Parlant du roi Jacques Ier d'Angleterre, il exprime l'espoir que ce prince se convertira bientôt. A propos de Henri de Navarre, il se réjouit de sa conversion et de son glorieux règne en France. La *Vie de Pie V* par Gabutius a été reproduite par les Bollandistes (t. I de mai, p. 615-717) avec additions de notes en marge et division de l'œuvre en paragraphes. J'ai toujours cité cette édition. Ces deux auteurs sont fondamentaux et presque contemporains de leur héros.

Entre ces deux historiens s'intercale Antoine de FUENMAYOR : *Vida y hechos de Pio V, pontifice Romano, con algunos notables successos de la Christiandad del tiempo de su Pontificado* (Madrid, L. Sanchez, 1595, in-4°, Bibl. de l'Arsenal, H. 13.111). L'auteur doit beaucoup de détails fort rares à François de Reynoso, majordome du pape, puis évêque de Cordoue ; son œuvre n'est pas moins élogieuse que les précédentes pour Pie V, mais elle contient beaucoup de digressions.

AGATIO DI SOMMA : *Vie du pape Pie V écrite en italien et mise en français par M. F.* (Félibien). Paris, 1672, 273+129 p.

L'auteur original était un clerc régulier, peu bienveillant pour le pape, qu'il accuse bien à tort d'ambition ; Pie V disait au contraire qu'il n'avait trouvé dans son pontificat que des soucis. Le traducteur français a corrigé cette tendance dans un appendice, où il commente chaleureusement les plus belles actions du pape, qui venait d'être béatifié. (Bibl. de l'Arsenal, H, 13. 113 in-12.)

FEUILLET (le P.) de l'ordre des Frères-Prêcheurs. *Vie du Bienheureux Pie V.* Paris, 1672. (Bibl. de l'Arsenal, H. 13.056 *bis,* in-12.) Comme le précédent, cet ouvrage fut composé au moment de la béatification ; ce n'est qu'un abrégé, publié très vite par un religieux de son Ordre, pour donner un aliment à la dévotion et à la curiosité du peuple. Le P. Feuillet promit une vie plus détaillée pour le moment où il aurait reçu divers mémoires de Rome ; je ne sais s'il exécuta ce projet.

BZOVIUS (Abraham). *Annalium ecclesiasticorum tomus posthumus et ultimus.* Rome, 1672 (Bibl. Nationale, H 139). Le tome V de la continuation de Baronius et de Raynaldi, par le Polonais Abraham Bzowski, appelé ordinairement Bzovius, ne comprend pas moins de 612 pages à deux colonnes numérotées séparément et 42 feuillets de table ; il est tout entier consacré à Pie V.

Etant Polonais, l'auteur a développé particulièrement les affaires assez embrouillées de Pologne. Il a utilisé les papiers de son compatriote, le cardinal Hosius. Les bulles les plus importantes du pape sont citées *in extenso.*

A part une biographie par Alexandre MAFFEI (xviii° siècle), que je n'ai pu consulter, rien d'important ne fut écrit sur saint Pie V jusqu'au xix° siècle.

FALLOUX (le vicomte de). *Histoire de Saint Pie V pape, de l'Ordre des Frères Prêcheurs,* 2 volumes, Paris, Sagnier et Bray, 1844. C'est un ouvrage classique, comme le *Sixte-Quint* de Hübner.

En bien des chapitres, notamment au sujet de la Corse et des querelles sur la grâce, il a été plus complet que tous ses prédécesseurs.

L'Histoire de la papauté pendant les xvi° *et* xvii° *siècles* par Léopold RANKE, contient sur Pie V deux chapitres d'une réelle impartialité (traduction française, t. II, p. 149 à 183).

II. — Points particuliers de l'histoire.

Le Conclave de Pie V (original en italien) est publié dans le premier volume du *Recueil de Conclaves* édité à Rome en 1668 (p. 230-264). Bibl. de l'Arsenal H. 13. 204. in-8°.

Schvarz (W.-E.) *Briefe und Akten zur Geschichte Maximilians* II. *Erster Theil. Der Briefwechsel des Kaisers mit Papst Pius V.* Paderborn, 1889, in 8°-de 208 pages (Bibl. Nationale, M. 6514).

Cette excellente publication comprend 91 lettres de l'empereur et 67 du pape.

Jurien de la Gravière (l'amiral). *La guerre de Chypre et la bataille de Lépante.* 2 vol. in-18, Paris, Plon, 1888.

TABLE DES MATIÈRES

1198-10. — Imp. des Orph.-Appr., F. BLÉTIT, 40, rue La Fontaine,
Paris-Auteuil.